2ME ET 3ME PROCÈS

DU JOURNAL RÉPUBLICAIN

LE PROPAGATEUR

DU PAS-DE-CALAIS,

ACQUITTÉ A L'UNANIMITÉ

PAR LA COUR D'ASSISES DE SAINT-OMER.

PREMIÈRE AFFAIRE.

Audience du 10 *Décembre* 1833,

PRÉSIDENCE DE M. PIÉRON.

Malgré les rigueurs de la saison, dès 9 heures du matin, la tribune publique est remplie de dames, et le reste de la salle suffit à peine aux citoyens de Saint-Omer et des villes voisines qui sont venus assister aux débats politiques qui vont s'ouvrir.

A 9 heures et demie, la cour entre en séance. M. le président Piéron est accompagné de MM. Delafolie et Wattringue.

x

M. Dupont, procureur du roi, occupe le siége du ministère public. M. Frédéric Degeorge est assis au banc des avocats, entre Mᵉ L. Couture, avocat du barreau d'Amiens, et Mᵉ Ch. Ledru, avocat du barreau de Paris, ses deux conseils.

M. le président adresse à M. Frédéric Degeorge les questions d'usage. Après y avoir répondu, le rédacteur en chef du *Propagateur* expose à la cour que les deux affaires pour lesquelles il est assigné, sont fixées à un jour d'intervalle, et demande qu'elles soient appelées et jugées le même jour; de plus, que l'affaire, qui a donné lieu aux premières poursuites, soit discutée la première.

M. Dupont, procureur du roi, s'en réfère, sur cette demande, à la sagesse de la cour.

La cour se retire pour délibérer, et rentre quelques minutes après déclarant qu'elle maintient son rôle, et que les deux affaires seront en conséquence jugées à des jours différens.

On procède alors à la formation du jury, lequel, après quatre récusations exercées par le prévenu et trois exercées par le ministère public, reste composé ainsi qu'il suit :

MM. Desvignes, Joseph, marchand de vins à Arras ;
  Alexandre, François, cultivateur à Coyecque ;
  Beaufort, Alexande, tanneur à Saint-Omer ;
  Bontin, Albert, propriétaire à Blangy ;
  Dupont, Jean-Marie, cultivateur à Offrethun ;
  Dupuis-Maubaillarcq, propriétaire à Calais ;
  Degez, Auguste, maire à Lacauchie ;
  Longuecty de la Routière, cultivateur à Landrethun ;
  Leduc-Vallois, propriétaire à Preures ;
  Lieppe, François, brasseur à Arras ;
  Podevin, Philippe, maire à Longuenesse ;
  Thélu-Cressent, brasseur à Frévent.

Le greffier donne lecture de l'acte d'accusation, dans lequel est reproduit l'article incriminé, le voici :

LE GOUVERNEMENT ACTUEL NE PEUT AVOIR LONGUE DURÉE.

» Séjournez à Paris, parcourez la province, vous y verrez régner une opinion presque unanime : celle qui condamne à une mort plus ou moins prochaine, mais inévitable, le gouvernement d'aujourd'hui.

» Qui succédera à ce qui est? A cette question, le désaccord commence ; mais les plus clairvoyans aperçoivent bien que c'est la forme démocratique qui prendra la place du gouvernement monarchique dont nous voyons l'agonie.

» Louis-Philippe eût pu s'assurer de longues années de règne s'il eût tenu les promesses qu'il avait faites après juillet. Mais n'ayant accompli aucune des grandes améliorations gouvernementales auxqelles il s'était engagé ; montrant moins de haine pour le despotisme que de prévention contre la liberté : n'ayant pas donné à la France le gouvernement à bon marché que la nation attendait de lui, il voit de nombreux partis vivaces et ardens pour l'attaquer, et personne entièrement dévoué pour le défendre.

» La France de 1833 est un retour aux luttes des dernières années du règne de la dynastie qui est tombée. Des associations nombreuses, publiques ou secrètes, couvrent la France, hautement hostiles à ce qui est.

» Plus de cent journaux républicains ou à tendances républicaines, battent chaque jour en brèche une royauté que sa conduite, depuis trois ans, a montré incapable de faire le bonheur et la gloire d'un pays. Soixante-neuf associations départementales soutiennent ces journaux, paient leurs amandes quand, par extraordinaire, le jury les livre à la colère du pouvoir, et donnent aux doctrines qu'ils professent la sanction de leur popularité. Enfin des centaines de milliers d'hommes, organisés en sociétés publiques ou secrètes, des bords de l'Océan aux rives du Rhin, de Lille à Perpignan, sont là, debout, adversaires au gouvernement.

» La chambre des députés était restée jusqu'ici en dehors de cette opposition anti-dynastique qui se propage, s'étend, prend racine dans chacun de nos départemens. Garnier-Pagès seul avait fait de la république à la tribune. A Garnier-Pagès se joindront, à la prochaine session, Lafayette, Dupont (de l'Eure), Eusèbe Salverte, et trente de leurs collègues, qui, comme nous, comme toute la partie éclairée et énergique de la population, ne croient plus à la possibilité du bonheur, de la justice, du repos et de la liberté sous le règne des rois.

» La fermentation qui se remarque partout, est un symptôme assuré d'un changement de gouvernement. Quand la société générale est bien gouvernée, on ne fait pas d'associations particulières contre le pouvoir existant. Des associations existent, donc elles accusent le pouvoir ; et si le pouvoir est mauvais ou incapable, comment pourra-t-il se maintenir? Une nation a-t-elle jamais manqué d'être libre quand elle l'a bien voulu? La *Quotidienne* elle-même l'annonce:

« C'est la République maintenant qui prend le chemin des Tuileries. »

» Nous en avons la conviction intime, la France entière accueillera nos projets de réformes et d'améliorations quand elle aura eu le tems de reconnaître et d'apprendre que ces projets ne doivent amener ni aux excès de 1793, ni inquiéter les personnes, ni toucher aux droits sacrés de la propriété. Elle préférera à son gouvernement monarchique si dispendieux, si envahisseur des libertés publiques, si fécond en turpitudes et en bassesses de cour, elle lui en préférera le gouvernement démocratique, quand nous l'aurons convaincue que ce gouvernement n'est pas celui prêché par Robespierre, dont nous répudions les actes et le nom, mais celui qui fait, depuis cinquante ans, la prospérité et la gloire des Etats-Unis, celui dont l'univers entier admire le courage et les vertus, celui fondé par Washington et Franklin. »

Après la lecture de cet article, M. le procureur du roi prend la parole en ces termes :

« Messieurs les jurés,

» Depuis près d'un demi-siècle tout ce que la France avait de citoyens patriotes réclamait des garanties constitutionnelles. La lutte a été longue, sanglante, et s'est terminée par les glorieuses journées de juillet. C'est à ce moment que notre devise a été franchement proclamée : *Liberté, ordre public.*

Et, il faut le reconnaître, M. Frédéric Degeorge avait contribué puissamment au renversement de l'ancienne monarchie et à l'élévation de la nouvelle. Comment se fait-il donc que M. Degeorge, se mettant aujourd'hui en contradiction avec lui-même, veuille renverser ce qu'il a aidé à construire.

C'est à cette contradiction qu'il faut attribuer l'accusation que je viens soutenir moi-même contre M. Degeorge : après avoir pendant quelque tems partagé ses principes, je deviens son adversaire parceque seul il s'est écarté de la ligne qu'il devait suivre. En admettant qu'il eut des motifs de penser que le gouvernement de 1830 n'a pas rempli toutes ses promesses, il avait à continuer sa première opposition; elle était assez large, assez belle et devait contenter son ambition. Mais en se jetant dans la voie du bouleversement, de l'anarchie, M. Degeorge n'a pas mérité que ceux qui le suivaient en 1830, le suivent sur ce nouveau terrain, et c'est à ce titre que je deviens son adversaire.

Quelles sont donc les causes de cette guerre envenimée que les journaux républicains ont déclaré à la nouvelle royauté ? M. le procureur du roi ne les reconnaît pas, il énumère les avantages, les améliorations obtenues par le pays depuis 1830, il parle de la création de la garde nationale, de l'abaissement du cens électoral, il pense que le bonheur et l'ordre actuel valent mieux que les bienfaits que promet la république; reconnaissant au surplus que cette république dont veut M. Degeorge n'est point celle de 1793, celle de Robespierre, dont le prévenu répudie, dans son patriotisme et sa sagesse, les actes et le nom.

M. Léon Couture s'exprime ainsi :

Messieurs,

» Vous connaissez M. Degeorge depuis long-temps. Le ministère public, grâce à la périodicité de ses poursuites, vous a ménagé, tous les trois mois à peu près, une entrevue assez vive avec ce patriote *incorrigible* : ses opinions politiques, la franchise de son langage, son caractère et sa personne, tout M. Degeorge enfin vous est désormais révélé, et vous avez eu le temps de vous familiariser avec les *horreurs* de ses théories démocratiques, et les *atrocités* de ses doctrines révolutionnaires.

» Et moi aussi, Messieurs, qui viens à vous pour la première fois, je suis le complice de M. Degeorge, le partisan de ses idées d'affranchissement et d'indépendance, professant comme lui, la passion des intérêts populaires, peu ou point de sympathie pour la royauté des barricades, tous deux ennemis des gouvernemens parjures, tous deux (je le dis tout bas de peur d'être entendu par M. le procureur du roi) un peu républicains : (On rit).

» Nous voici encore une fois en présence : après la lutte victorieuse du 24 août dernier, lutte dans laquelle toutes les hautes questions de l'ordre politique ont été débattues et approfondies, dans laquelle les accusations les plus vraies et les plus énergiques ont été prodiguées au gouvernement, et consacrées par votre acquittement unanime; après ce procès mémorable où toutes les questions reproduites à cette audience ont été résolues en notre faveur, devait-on s'attendre que huit jours plus tard, les mêmes poursuites recommenceraient contre les mêmes doctrines déjà accusées et absoutes; et que ce dédain de la chose jugée viendrait de ceux-là même qui professent pour la loi le respect en apparence le plus profond.

» Il faut le dire, Messieurs, on ne s'abuse pas à ce point, on ne se fait pas une telle illusion; on sait que les deux articles incriminés, beàucoup moins étendus, beaucbup moins hostiles qne les six articles acquittés au mois d'août dernier, ne sćront pas condamnés par vous, si vous n'écoutez que votre justice, l'arrêt de rigueur sollicité aujourd'hui, on ne l'attend pas de la conscience des jurés, on le demande à leur obéissance.

» Oui, Messieurs, c'est une épreuve nouvelle tentée dans l'intérêt du pouvoir contre l'indépendance de votre institution : le dépit ministériel a fait crier ses menaces par l'aigre fausset de M. Persil, dans le discours de rentrée de la cour royale de Paris ; on vous promet des menottes, si vous n'êtes pas plus sages à l'avenir; on veut voir si ces menaces auront produit un effet salutaire, et si en acquittant coup sur coup, et pour la deuxième fois, le *Propagateur*, vous oserez retomber dans les périls de la récidive dont les conséquences pénales vous sont tous les jours révélées à cette audience.

» A vous donc l'accusation, Messieurs, à vous aussi, Messieurs, plutôt qu'à M. Degeorge, le bénéfice de notre défense! Votre cause et la nôtre sont liées et condamnées dans ce nouveau procès; fléchissez, et le pouvoir, fort de votre faiblesse, fera peser sur vos mains les chaînes que vous n'aurez pas eu le courage de secouer.

» Aux mêmes attaques, nous opposerons les mêmes réponses; le texte de l'accusation ne pouvait changer : c'est toujours la provocation au mépris du gouvernement du roi, l'excitation à la haine du gouvernement du roi, l'appel au bouleversement du gouvernement du roi, l'offense à la personne du roi : formules solennelles et sonores accoutumées à bondir et rebondir dans la bouche de MM. le, gens du roi, et qui forment si bien le fonds de leur langage officiels que si on les en retranchait, ces magistrats inépuisables, malgré la fécondité de leur éloquence, ne trouveraient plus un seul mot à dire!

» Au reste si nous avons moins d'articles accusés, nous avons plus d'accusateurs : deux magistrats nous sont opposés : il nous semble que le mérite d'un seul était plus que suffisant pour nous combattre, et que la qualité devait au moins nous dispenser de la quantité.

» Voyez donc, Messieurs les jurés, quelle attitude vous allez choisir dans cette occasion décisive : attitude de soumission, ou attitude d'honneur et d'indépendance que vous conserverez au nom de la dignité humaine! Ferez-vous amande honorable? offrirez-vous au pouvoir un arrêt de condamnation pour expier l'arrêt d'acquittement qu'on ne vous a pas encore pardonné ? Rougirez-vous de vos propres œuvres? Le *Propagateur*, autorisé par votre sentence n'aura-t-il rencontré qu'un piège dans l'impunité que vous lui avez faite? N'êtes-vous plus les mêmes hommes qui partagiez ses doctrines et les consacriez en les absolvant?

J'aborde la discussion de l'article incriminé :
Toute la pensée de l'auteur est dans le titre : *Le gouvernement*

actuel ne peut avoir longue durée. J'avoue que la prophétie n'est pas flatteuse, et que, si j'avais l'honneur d'être gouvernement, je n'aimerais pas la brutale sincérité qui viendrait me dire : Entends-tu, gouvernement, tu ne peux avoir une longue durée. (Rire.)

Mais il ne s'agit pas de savoir si nos idées ont ou n'ont pas l'agrément du pouvoir, la question est celle-ci : Sommes-nous condamnables ? Avons-nous commis un délit politique en exprimant notre opinion sur la durée du gouvernement?

Un trône auquel on crie : prends garde, tu vas tomber, n'a qu'un moyen de répondre ; c'est de rester debout. Que lui font alors les présages sinistres ?

Le gouvernement actuel, qui s'en va, ne veut pas qu'on l'avertisse de sa fin prochaine ; il ressemble à ces malades de mauvaise humeur qui chassent le médecin assez imprudent pour les éclairer sur les périls de leur situation.

Comment une controverse politique a-t-elle pu donner lieu à des poursuites judiciaires, lorsque tous les journaux livrent à cette polémique quotidienne la plus grande partie de leurs colonnes, et qu'il n'est pas une seule nuance, dans les opinions, qui n'ait sa tribune et ses organes ? Chacun n'est-il pas en possession de caresser ses idées gouvernementales, de les proclamer les meilleures, les seules vraies, les seules capables de faire le bonheur de tous les Français ? Que de brochures sont consacrées à cette mission d'un si grave intérêt ! Que de consciences engagées dans l'accomplissement de ce grand devoir, et souvent que d'avis salutaires pour la royauté, mêlés à la juste censure des actes de son gouvernement !

Le juste milieu, dont le système est de n'en pas avoir, s'égosille à force de crier : Venez à nous, il n'y a que nous ; nous ne savons pas trop ce que nous voulons ; nous n'exigeons pas des autres qu'ils sachent davantage ; nous nous réservons aussi la facilité de changer selon les circonstances : ceux qui se rallieront jouiront de la même facilité.

Écoutez les prédicateurs de la royauté, les fourriers de l'armée henriquinquiste, qui vont préparant les logemens pour *l'auguste* vagabond promis à leur crédule enthousiasme ; je ne pense pas qu'ils se refusent la satisfaction de prêcher un autre avenir, un roi nouveau, des temps plus heureux. A chaque événement politique, c'est un regret, c'est un désir, c'est une espérance ! Oh ! si Henri V était là ; oh ! quand Henri V sera là ! A tous les maux ils n'ont qu'un remède ; prenez Henri V ! prenez mon ours !

Et le juste milieu de son côté : Gardez mon ours !

Et si je n'en veux pas de ta bête, moi, juste milieu ! (Hilarité.)

Le pouvoir, en respectant le droit de publier ses pensées, ne ferait que son devoir ; nous reconnaissons que la légitimité ne sort pas des limites de la constitution en usant de la liberté de la presse dans l'intérêt de ses utopies politiques ; que le juste milieu , s'il avait un système , aurait aussi le droit de le préconiser. Pourquoi donc refuser à la république une faculté dont jouissent impunément , et avec justice , les organes de tous les partis ?

D'ailleurs , l'article incriminé n'est que la réponse à un article précédent, acquitté le 24 août dernier, ayant pour titre : *Le gouvernement actuel a-t-il de la durée ?* Dans cet article on disait : non , si...., pourvu que....., d'utiles avertissemens étaient donnés au pouvoir ; il n'en tint pas compte. Alors une voix solennelle s'est fait entendre, disant : le gouvernement actuel ne peut avoir longue durée.

Voilà une demande et une réponse qui ne seront pas perdues pour tout le monde. Si le roi les oublie , les confiseurs, du moins , s'en souviendront pour leurs devises du premier de l'an. (On rit.)

Le titre de l'article était un peu laconique.

Il fallait justifier cette opinion sur le peu de durée du gouvernement.

Le premier symptôme, selon *Le Propagateur,* c'est la désaffection générale qui , dans les provinces comme à Paris, promet une mort plus ou moins prochaine , mais une mort inévitable.

Des personnes diront : Cette désaffection n'existe pas ; Louis-Philippe est adoré partout , vénéré , respecté ; voyez *Le Charivari et La Caricature.*

Oui , nous savons que par ci, par là, on rencontre quelque chaleur; mais à qui la doit-on ? Aux feux d'artifices et aux lampions ministériels. (Rire d'approbation).

Après tout, ma foi, libre à qui voudra d'adorer le roi citoyen, la liberté des cultes est proclamée. Ne sait-on pas dans quels égaremens se sont précipitées les superstitions humaines ? N'a-t-on pas adoré le veau d'or, le bœuf Apis, le crocodile ? L'ancienne Egypte disait à l'oignon, sois mon dieu; le *persil* a probablement ses autels. (On rit.) Notre première mère fut perdue par la pomme qu'elle idolâtrait; peut-être est-il quelque contrée sauvage où la *poire* est devenue l'objet d'un culte public et de la vénération des peuples. (Hilarité générale.)

Me Couture, dans une discussion animée , achève d'établir que, dans la pensée de l'auteur , le gouvernement, menteur et parjure , ne pouvant avoir une longue durée , il était permis de discuter sur les formes et le caractère du système appelé à remplacer ce qui bientôt aura cessé d'être; c'est la forme démocratique que l'auteur préfère, et croit devoir succéder à la monarchie héréditaire; c'est la République des Etats-Unis, pure, pacifique, florissant dans le culte des lois, dans la pratique des vertus politiques, plus glorieuse, plus prospère qu'aucune des monarchies modernes, qu'aucun des états gouvernés par un roi, en vertu du principe absurde de successibilité.

A-t-on poursuivi les jouruaux qui, comme la feuille de Degeorge, ont annoncé à la République un avènement plus ou moins prochain? Etrange partialité! *La Quotidienne* n'a-t-elle pas écrit impunément : « C'est la République, aujourd'hui, qui prend le chemin des Tuile- » ries ? » N'a-t-elle pas été beaucoup plus hardie que *Le Propagateur*, lorsqu'elle a dit : « Il y a aujourd'hui, dans notre pays, un chef su- » prême qui, sans autorité morale, gouverne à ses risques et périls ; » que cet état de chose dure plus ou moins long-temps, c'est une » question à décider ; mais ce qui ne l'est pas, c'est le droit de cha- » cun de l'attaquer tel qu'il est, et de travailler légalement à en *dé- » barrasser* le pays. »

En *débarrasser* le pays ! quelle vergogne dans ces paroles ! Cette *Quotidienne*..., méchante comme une vieille fille. Eh bien ! oui, dé- barrassez, débarrassons, qu'ils débarrassent..., les balais ne man- queront pas. (Mouvement.)

Il n'y a guère que le juste milieu qui s'obstine à feindre une terreur que ne peut inspirer notre République ! L'opinion légitimiste est prête à l'accepter aux conditions proposées. Voici quelques passages de *La Gazette de Flandre* et d'*Artois*, du 7 novembre dernier ; nous transcrivons textuellement.

« Tout est possible aujourd'hui, et de toutes ces possibilités, la » République n'est pas la moins probable.

» Voilà ce que je dirais à nos jeunes Washington, s'ils parvenaient » à faire triompher leurs doctrines : Vous nous avez promis une Ré- » publique sage, calme et pure de tout excès ; faites, MM., faites, mais » ne nous trompez pas ; que votre liberté soit une liberté de bon aloi, » dont personne n'est exclu ; que chacun puisse prier publiquement » selon sa conscience, confier ses enfans à qui il lui plaît, aller, » venir, écrire, puiser, parler, agir à sa guise : vous, pendant ce » temps, diminuez les impôts, détruisez les monopoles, supprimez la » police politique, chassez la corruption, donnez les emplois au mé- » rite, les récompenses à la vertu, faites respecter les mœurs et les » propriétés, épurez notre société, mais ne la démolissez pas ; faites » tout cela, Messieurs ; à ce prix nous lui ôterons notre chapeau, la » laisserons passer »

Cette République, acceptée par *La Gazette de Flandre* et par le parti dont elle est un des organes, n'est-elle pas copiée sur celle du *Propagateur* ? Lisez et jugez.

L'avocat cite plusieurs passages du *Populaire*, du *Bon Sens*, du *National*, et termine ainsi :

Avais-je tort, en commençant, de vous dire que ce procès déjà jugé il y a trois mois, serait aujourd'hui inexplicable, si la poursuite n'était plutôt dirigée contre le jury patriote que contre la presse républicaine du département du Pas de-Calais : Ecoutez, messieurs ;

les paroles de M. Persil que je cite textuellement. « La législation a
» nécessairement beaucoup à faire encore ; lorsque dans un gouver-
» nement de majorité, la majorité ne fera pas plus la majorité qu'elle
» ne fait la loi, lorsque le vote sera devenu secret, que la discussion
» supprimée entre les jurés aura détruit l'empire des hommes de
» parti et laissé à la conscience la liberté de son suffrage, quand la
» défense de publier avant et après la décision, le nom et l'adresse
» des jurés aura enlevée à l'intrigue, à l'obsession, à la faiblesse à la
» violence, leurs moyens d'action, alors, mais seulement alors,
» les verdicts seront l'expression de l'opinion du pays. »

Hé bien, messieurs, vous l'entendez, est-ce assez de mépris pour
votre caractère et pour vos arrêts ? Il faut que le veto ministériel
s'introduise jusque dans le sein de vos délibérations, que tout dans
cette œuvre de conscience et de liberté, tout, jusqu'au mode de délibérer soit à la merci d'un pouvoir effronté et cinique ! Et pourquoi
les entraver ? parcequ'il y a parmi vous des hommes de parti dont
l'empire doit être détruit, des hommes faibles, pusillanimes, soumis
à l'action de l'intrigue, de l'obsession, de la violence ; tel est, messieurs, votre personnel : de petits despotes et de grand poltrons; tels
sont les abus qu'une loi meilleure modifiera bientôt, car alors et
seulement alors, les verdicts seront l'expression de l'opinion du pays;
n'est-il pas vrai, messieurs, que vous ne saviez pas quels hommes
vous étiez, et que jusqu'à présent, vous ne vous étiez pas cru si mé-
prisables !

Toutes les feuilles ministérielles ont répété ces menaces, notam-
ment le *Journal des Débats*, ce journal qui n'a pas une doctrine qui
ne soit une lâcheté. (Approbation).

D'autres lois, empreintes du même esprit, sont élaborées encore
aux fourneaux de l'antre ministériel : Barthe, le forgeron carbonaro
a mis sur l'enclume toutes nos libertés et va frappant dessus jusqu'à
ce qu'elles soient faussées ou brisées sous la main de ce renégat politique. (Mouvement.)

Loi contre les associations : Sous un gouvernement qui avait promis des institutions républicaines on défendra l'association qui est
l'essence de la république; et les membres des anciennes ventes car-
bonaristes, les Barthe, les Thiers battront des mains à la seule pensée de nos libertés détruites, comme les fossoyeurs se réjouissent à
l'approche d'une grande mortalité. (Sensation).

Loi contre les crieurs publics : C'est juste, il ne faut pas que les
vérités politiques descendent à trop bon marché dans les classes la-
borieuses: et puis ce *Propagateur* qui répand les milliers de ses brochures incendiaires, moyennant deux sols et quatre sols... Vite, une
bonne loi, une loi bien juste!!

Loi contre la coalition d'ouvriers... On leur laisse la faim, on leur
ôte la plainte; compensation tout-à-fait ministérielle. (Agitation.)

Lisez le *National* du 5, vous y verrez qu'on se propose au ministère de demander la loi sur les bastilles, loi qui fut abandonnée pour un moment à cause de l'indignation générale : à la place de la fenêtre du Louvre et de l'arquebuse de Charles IX, nous aurions les forts détachés et l'artillerie royale de la majesté citoyenne : il y a progrès ! (Agitation dans l'auditoire.)

Et quand vous saurez que la parole est menacée comme la presse, que la tribune nationale elle même sera violée dans ses plus sacrés priviléges; j'ouvre le *National* du 27 novembre et j'y lis; « Un journal du matin annonce qu'on a le projet au ministère de demander l'exclusion des membres qui feraient des professions de foi républicaines, ou qu'on les rappellerait à l'ordre une première, une seconde fois, après quoi on leur ôterait la parole pour toute la durée de la session. « Ainsi, à côté du verre d'eau, il y aura un baillon et des menotes, silence ou empoignement... O Manuel ! (Sensation).

Le despotisme tracassier du ministère se fait sentir jusque dans les choses qui sont de pure administration. Raspail, notre premier chimiste, a mérité le prix de 10,000 fr., fondé par Monthyon pour l'ouvrage le plus utile; M. d'Argout ne veut pas que ce prix lui soit décerné, et Raspail, jeté dans les embarras d'une conspiration politique, est destitué de sa couronne et jouit de la prison.

Quel scandale encore que celui du procès disciplinaire fait à M. Parquin, l'honorable batonnier de l'ordre des avocats de Paris.

Et l'hôtel Laffitte vendu en présence du roi ingrat qu'il a fait..... Il est vrai que ce n'est pas ce que Laffitte a fait de mieux. (Hilarité.)

Avions-nous donc tort de prédire au gouvernemrnt que sa durée ne serait pas longue, et que son obstination à marcher dans les voies périlleuses que nous voulions fermer devant lui, le conduisait à une mort plus ou moins prochaine, mais à une mort inévitable?

C'est une grande vérité, messieurs, que toute monarchie héréditaire porte en elle-même un fond de despotisme dont elle ne peut pas se séparer; elle se plaît aux idées de transmission et de propriété; elle tend, par un mouvement perpétuel, à faire remonter vers le trône le principe de souveraineté que nous voulons retenir et fixer dans le peuple dont il émane; de là cette lutte nécessaire entre le principe électif et la pensée immuable.

Dans la monarchie héréditaire, soi-disant représentative, la tyrannie a un moyen d'intervenir qui n'échappera pas à vos intelligences : les trois pouvoirs pourront s'entendre pour détruire toutes les libertés : un ministère conspirateur contre ces libertés (nous avons bien quelque chose comme cela), deux chambres vénales et corrompues, voulant tout ce que voudrait ce ministère! On serait ainsi écrasé sous le triple joug du despotisme monarchique, aristocratique et démocratique.

Qui oserait dire que de tels périls sont à redouter dans une démocratie pure et sagement organisée ?

Le gouvernement démocratique, je le dis avec le *Propagateur*, est donc préférable à cette monarchie si dispendieuse, si hostile aux libertés publiques, si féconde en turpitudes et en bassesses de cour? Ce n'est pas nous qui conspirons contre l'ordre de choses actuel, c'est lui qui conspire contre notre souveraineté et qui périra par ses propres œuvres! Menteur à son origine, onéreux au pays, sans gloire pour la France, timide contre l'étranger, hardi contre les lois, il a violé le pacte échangé entre nous et lui; et comme l'a professé M. Persil, alors mieux inspiré dans le procès de la déclaration de la *Gazette de France*, en cas de violations des lois ou de coups-d'état, l'insurrection est de droit pour tous les Français.

Et pourquoi la révolution de juillet soutiendrait-elle un gouvernement qui la désavoue et la répudie? Savez-vous ce que c'est que cette révolution? Une catastrophe, écrivait Louis-Philippe à Nicolas de Russie; et selon M. Guizot, un fait extra-légal qui ne peut durer sans danger pour la société. Le fait extra-légal de juillet, tant qu'il durera, sera l'épée de Damoclès suspendue sur la société. Sentence contre-révolutionnaire que celle-là! Paroles doctrinaires et gourmées que ce sont renvoyées comme des bulles de savon tous les pédagogues de la doctrine et tous les baillis du juste-milieu. (On rit.)

Il y a donc, dans une idée gouvernementale, une conspiration flagrante contre le principe de la révolution de juillet qui est celui de la souveraineté nationale! C'est pour nous le moment de veiller, de doubler nos postes, de centupler nos sentinelles! Serrons nos rangs, sentons-nous les coudes, et si quelqu'un vient à nous, crions: qui vive! et s'il répond doctrinaire, une, deux! croisons la baïonnette!

Pour les observateurs attentifs, un grand enseignement doit sortir de ce qui se passe maintenant dans toutes les contrées de l'Europe. Quel contraste que celui des trônes et des peuples : les premiers agités, violens, impétueux, se hâtant de vivre! Les nations, au contraire, graves, silencieuses, résignées, préparant leurs voies et attendant le jour de leur régénération prochaine! C'est que les royautés ont senti le sol trembler sous leurs pas, prêt à se dérober sous elles; c'est que les peuples ont le sentiment et la conscience de leur perpétuité. Ne soyons donc plus étonnés de cette colère aveugle qui a saisi tous les rois à la même heure; la colère sied aux rois. Les rois passent, mais les peuples sont patiens, parce qu'ils sont éternels!

M. Charles Ledru prend la parole.

Messieurs, dit-il, Degeorge fut traduit aux dernières assises du

Pas-de-Calais pour avoir annoncé que la monarchie du sept août n'aurait pas une longue durée.

Acquitté, par un verdict unanime, de cette étrange accusation, le voici encore une fois devant vous.

Il est assez présumable que la bienveillance du parquet lui réserve l'honneur de paraître dans trois mois devant vos successeurs : ce qui est certain, c'est que jamais on n'a affecté un mépris aussi effronté pour les décisions du Jury : en effet, dès le lendemain de notre acquittement au mois d'août, une feuille ministérielle qui s'imprime à Lille sous le patronage de M. le baron Méchin, s'indignait *de ce scandale*.

Les mêmes hommes qui déclament si haut contre le désordre et l'anarchie, en sont venus au point d'ignorer que la première condition d'ordre et de paix dans l'état, c'est le respect à la chose jugée.

Et ne croyez pas que ce soit uniquement l'œuvre de la corruption subalterne ; la pensée vient de haut, de très haut. Il y a quelques jours à peine qu'un des organes officiels de cette pensée, ne craignait pas de faire entendre en présence de toutes les chambres assemblées d'une cour royale les paroles suivantes :

« Nous ne nous rallierons aux décisions du jury, que lorsque la » majorité qui fait la loi, fera aussi ses verdicts. »

La conclusion morale et judiciaire, la voici : Toute condamnation est juste ; car la chose jugée qui peuple de patriotes les cachots de la dynastie, ne saurait être environnée de trop de respects. Lorsqu'elle en rend quelques uns à la liberté, c'est autre chose. Alors les solennités de la justice ne sont plus qu'une vaine comédie qui ne mérite que les dédains et le mépris public.

Il n'est pas étonnant que ceux qui adoptent de pareilles doctrines pour règle de conduite, aient accusé l'article du *Propagateur* dont on vous a donné lecture. Mais voyons, au fond qu'y a-t-il dans cet article ?

On prédit la chute de la royauté, quel crime abominable ! Depuis quand donc n'est-il plus permis d'assigner à une institution ses conditions d'existence, et par opposition ses conditions de ruine ?

> Debemus morti, nos nostraque.

Voilà ce que proclame la raison des siècles, et, toute estimable que soit la dynastie de la branche cadette, Dieu n'a pas créé sans doute tout exprès pour elle d'exception à la loi éternelle.

Il y a eu beaucoup d'absurdités écrites dans les Codes ; toutefois on n'a encore vu nulle part, que je sache, une loi qui impute à crime de ne point croire à l'éternité du pouvoir.

La Charte dit bien que le peuple français appelle au trône Louis-Philippe et ses descendans, à perpétuité, de mâle en mâle, etc. ; mais c'est là une politesse que toutes les constitutions de la France ont eue successivement pour les divers gouvernemens qui, depuis 89, nous ont si bien démontré qu'ici-bas il n'y a rien d'immuable.

Vouloir que la dynastie soit *légalement* immortelle... y pense-t-on? Ce ne serait rien moins que consacrer le système d'une nouvelle religion d'état : religion toute matérielle qui pour apôtres nous offrirait des sous-préfets et des gendarmes, et pour espérances quelques écus à la curée du budjet.

Nous n'en sommes point là, dieu merci. Louis-Philippe, lui-même, désavouerait, j'en suis sûr, de pareilles prétentions ; car il est homme de trop de sens pour croire que la France qui a bien pu se passer de Napoléon ne puisse pas aussi, à l'occasion, se passer de son auguste personne et même de sa *très-excellente* postérité. (on rit.)

Degeorge a donc pu sans commettre aucun délit prédire un avenir dont la nécessité a été entrevue par tous les hommes de quelque portée, depuis le captif de Sainte-Hélène jusqu'à notre illustre monarque. En effet ce grand homme, (je parle de Napoléon), a dit qu'avant cinquante ans l'Europe serait cosaque ou *républicaine* : de son côté, le roi des Français a répété à qui a bien voulu l'entendre qu'il était républicain de corps et d'âme, et qu'il l'avait toujours été, parcequ'à ses yeux la république était le gouvernement le plus parfait.

En cela, mon ami Degeorge est complettement de l'avis de S. M., et c'est parcequ'il l'exprime qu'on voudrait l'envoyer en prison ! MM. *les gens du roi* ne sont pas logiciens. Mon honorable et loyal contradicteur en conviendra, j'en suis certain, et il restera bien établi entre nous, non-seulement que le gérant du Propagateur n'a pas émis une proposition audacieuse et criminelle, mais qu'il n'a fait qu'énoncer une *vérité triviale*. (Sensation.)

Après avoir établi que l'article incriminé ne contient rien d'offensant ni de personnel, M⁰ Ledru dit que le seul reproche qu'on pût faire à cet article, serait de ne pas expliquer les raisons de la chute prochaine du trône ; car lorsqu'on émet une assertion, il serait bien de la démontrer. Or, ces raisons, l'orateur annonce qu'il va les indiquer rapidement et que ce sera toute sa défense.

Si la France a accepté en juillet une nouvelle royauté constitutionnelle, c'est uniquement par surprise : car les quinze années de la restauration lui avaient suffisament appris que tout intérêt dynastique est nécessairement ennemi du pouvoir électif et que, tôt ou tard, la lutte doit s'établir entre deux principes si opposés.

Néanmoins, le gouvernement du 7 août aurait pu vivre quelque temps, s'il avait adopté avec franchise le Programme de l'Hôtel-de-Ville : car c'était une transition toute naturelle pour arriver sans secousse à la République, et on se serait soumis sans impatience à ce dernier essai du système monarchique.

Pour cela il eût fallu que le roi des barricades restât fidèle à son origine populaire.

Bientôt, au contraire, on le vit tendre vers la sainte-alliance la main qu'il retirait aux hommes de juillet. Les dynasties légitimes se firent long-temps prier ; mais comme il était de leur politique de ne pas pousser à bout la dynastie parvenue dont elles attendaient des services, elles consentirent à lui promettre une place dans l'alliance formée pour l'oppression des peuples.

Le sang de la Pologne et de l'Italie fut la dot que la royauté de juillet offrit à ses augustes alliés. (Sensation profonde.)

En ce moment la France encore ébranlée de la grande secousse de la révolution, confiante d'ailleurs dans des chefs qu'elle n'avait pas appris à connaître, se laissa persuader que l'abandon de deux peuples à leurs oppresseurs était une nécessité politique : et elle crut de son intérêt de se taire en présence de cette grande iniquité !

Mais la sainte-alliance est plus exigeante que le ne comportent les mœurs du peuple français. Bientôt il vit que le gouvernement ne se contentait pas d'abandonner deux nations qui s'étaient soulevées pour le principe de juillet ; que S. M. poussait la condescendance pour les despotes d'Autriche et de Russie jusqu'à ne pas permettre qu'un malheureux réfugié reposât un instant sa tête dans notre patrie ; alors bien des yeux s'ouvrirent à la lumière.

De son côté, le pouvoir habile à exploiter l'ignorance de la classe bourgeoise, adoptait pour règle de conduite, non pas de satisfaire aux besoins matériels et moraux du pays, mais d'épouvanter le commerce par la menace sans cesse répétée d'une *terreur* nouvelle.

Rappelez vos souvenirs, MM. les jurés, combien de fois le retour successif des émeutes n'est-il pas venu en aide à la royauté dans les crises les plus périlleuses !

Cette ruse a réussi ; mais comme toutes les ruses elle a fini par être découverte ; depuis lors plus d'émeutes. Les agens provocateurs essaient en vain de remuer la jeunesse patriote par leurs excitations, personne n'y répond : le souffle de la police ne parvient plus à susciter un seul de ces orages qu'il était si beau de faire taire au bruit de la mitraille.

Cette défiance dans les agens long-temps inconnus du pouvoir c'est le signal de son agonie ; c'est sa mort : car ce qui l'avait maintenu lui échappe, et il ne reste à la royauté que la honte de cet horrible système.

Lorsqu'un pouvoir en est là, lorsque ce qui faisait sa vie lui manque, ou plutôt ne subsiste que comme un souvenir accusateur, on peut dire : *ce pouvoir-là n'a pas de durée ;* c'est là ce que dit l'article, et assurément, il ne se trouvera pas parmi vous une seule voix pour protester contre cette prophétie de bon sens et de conscience.

Qui succèdera à cette royauté mourante et qui s'en va délaissée de tout ce qui est honnête et pur?

Voilà la question que se pose Degeorge. Selon lui, ce sera la république, où si le mot vous effraie, ce sera le gouvernement représentatif, moins la royauté qui ne consentait à vivre avec lui que pour le trahir. Le gouvernement représentatif, c'est-à-dire, la France se gouvernant par elle-même à tous les degrés, dans la municipalité, au département, à la chambre, par les délégués de son choix.

Notre république, c'est cela; rien que cela: et ceux qui la coiffent du bonnet de 93 savent bien qu'ils sont des imposteurs, des infâmes. A leurs yeux, si Degeorge est criminel, c'est précisément parce qu'il a en horreur la doctrine de l'échafaud.

S'il se faisait l'apôtre de la terreur, on se garderait bien de le traduire en cour d'assises. On se contenterait de lui répondre avec le bon ton habituel des feuilles salariées, on publierait même ses articles afin de prouver combien la république doit effrayer les âmes honnêtes du juste milieu. On feindrait de le maudire, mais on l'encouragerait tout bas, car on serait heureux d'épouvanter, par des doctrines d'anarchie, ceux qu'on ne peut plus prendre au piége, désormais éventé des insurrections de police et de l'émeute so déc au château. (Sensation.)

Après avoir démontré que la république inoffensive pour les personnes et les propriétés était dans les vœux de la nation, et que par conséquent, Degeorge avait eu raison d'annoncer à la royauté que son heure était venue, le défenseur continue en ces termes.

Nous parlons de la mort de la royauté: mais en vérité, cela vaut-il bien la peine que nous nous en occupions ici?

La dynastie nous force de penser continuellement à elle en cour d'assises, et cependant, que sa cause est peu digne d'attention au milieu de cette grande révolution qui s'accomplit sous nos yeux. Certes, c'est bien autre chose que la forme gouvernementale qui préoccupe en ce moment ceux dont la pensée ne se traîne pas au jour le jour à la suite des événemens accomplis.

Tout homme éclairé voit bien que la monarchie est usée et que la république va recueillir sa dépouille; mais on se demande avec effroi, qu'elle sera la solution du problème social qui ne peut plus être dfférée. Car on se le dissimulerait en vain : voici les classes inférieures qui, déshéritées jusqu'à ce jour de tous droits, demandent à paraître sur la scène. En 89, la bourgeoisie revendiqua contre l'aristocratie et le clergé, les droits éternels et imprescriptibles de l'humanité : la population ouvrière se lève à son tour pour réclamer son affranchissement.

Ces populations qui se remuent parce qu'elles se sentent à la gêne, où vont-elles?

Questions terribles pour la pensée des hommes vraiment politiques!

Cependant, c'est au milieu de si graves intérêts que la dynastie, préoccupée de son affaire personnelle, s'agite de son côté; mais, pourquoi faire? pour intenter des procès aux écrivains qui se permettent de lui rappeler que si elle a mal vécu elle devrait du moins songer à bien mourir. (On rit.).

Certes, si la monarchie ne tombait pas de décrépitude au lieu de songer à perdre son dernier souffle dans des luttes et des persécutions contre la République, on la verrait marcher la première dans la voie nouvelle où la société se précipite. Plus soucieuse du repos de l'état que de sa prospérité domestique, on la verrait ouvrir une large voie à ces besoins qui se manifestent avec un si menaçant appareil.

Mais non; aussitôt que la royauté intervient dans ces crises, c'est avec ses idées d'égoïsme étroit et brutal.

Comme autrefois, les prêtres du paganisme défendant leurs idoles; comme la féodalité et l'aristocratie luttant pour leurs privilèges; la royauté de juillet, ce débris rajeuni des vieux âges, cherche aussi dans le système de la force quelques instans de plus d'existence. Prisons, cachots, tortures, voilà les digues qu'elle oppose au torrent de la civilisation.

Mais la violence est une arme plus dangereuse encore pour qui l'exerce que pour ses victimes.

Ce qui étonne, c'est que ce soit au pouvoir de juillet qu'il faille répéter ces vérités banales!

Pour vous, MM., vous ne vous associerez pas à ses vues étroites; vous laisserez la monarchie se perdre, mais vous ne porterez pas pour son plaisir, la main sur la liberté de la presse qui protège vos droits.

Non! aux poursuites impudentes, vous répondrez : liberté pour toutes les opinions, pour toutes les doctrines; à chacun la discussion l plus vaste, la plus illimitée. C'est là le vrai remède à ce tourment, à ce malaise social qu'on irrite, mais qu'on ne guérit pas avec des condamnations.

Long-temps les opinions diverses se sont fait des guerres acharnées, implacables. Aujourd'hui, le pouvoir seul est resté dans cette voie rétrograde. Laissez au flambeau de la presse le soin d'éclairer l'avenir; voilà le vœu de toutes les consciences. C'est celui de *la Tribune* et du *National*, comme de *la Gazette de France* elle-même.

Aussi, des deux camps, entendez-vous s'élever le cri de réforme parlementaire.

Oui, que les populations, jusqu'ici déshéritées de leurs droits, s'approchent à leur tour pour faire entendre leurs réclamations! A tous la plainte et le conseil, puisque les charges sont à tous; et reposez-vous en sûreté sur les décisions de ce grand concile du peuple; sa voix est infaillible.

Voilà, Messieurs, nos théories sanguinaires! voilà la terreur que nous rêvons!

En deux mots, liberté pour nos adversaires comme pour nous-mêmes; liberté absolue pour les personnes, les opinions, les croyances: respect pour toutes les consciences, parce qu'à nos yeux toutes sont inviolables comme les nôtres. Voilà notre devise. Votre verdict et un verdict unanime nous dira, j'espère, que c'est aussi la vôtre.

Tout ce discours a été écouté avec le plus religieux silence : la seconde partie surtout a produit la plus vive sensation.

Après le résumé du président fait avec la plus rare impartialité, le jury entre dans la chambre du conseil et en sort trois minutes après, portant un verdict d'acquittement en faveur de M. Degeorge. Les avocats et le rédacteur du *Propagateur* compriment du geste les applaudissemens de l'auditoire, qui sont prêts à échapper, et reçoivent les félicitations de leurs nombreux amis.

FIN DE LA PREMIÈRE AFFAIRE.

DEUXIEME AFFAIRE DU PROPAGATEUR.

Audience du 12 décembre 1833.

PRÉSIDENCE DE M. PIÉRON.

L'auditoire est encore plus nombreux qu'à la précédente audience. La tribune est remplie de dames élégantes, et la salle est pleine de militaires et de citoyens de Saint-Omer et des villes environnantes.

A 10 heures, le greffier appelle la cause du *Propagateur*. La cour est formée de M. Piéron, conseiller à la cour royale de Douai, président, et de MM. Lefebvre et Mélan, juges. M. Frédéric Degeorge est au banc des avocats, entre MM. L. Couture et Ledru, ses conseils. A côté de lui se trouvent plusieurs de ses collaborateurs, ainsi que M. Cassagnaux, rédacteur en chef de la *Sentinelle picarde*, à Amiens.

Après trois récusations exercées par M. Prevost, substitut du procureur du roi, chargé de soutenir l'accusation, et quatre récusations exercées par le rédacteur en chef du *Propagateur*, le jury se compose de :

MM. Dupont, Jean-Marie, cultivateur à Offrethun ;
Alexandre, François, cultivateur à Coyecque ;
Allan, Augustin, maire de Nunc-Nieulet ;
Boutin, Albert, propriétaire à Blangy ;
Degez, Auguste, maire à Lacauchie,
Lonques de la Routière, cultivateur à Landrethun ;
Podevin, maire à Longuenesse ;
Rohart, propriétaire à Audembert ;
Thélu, Cressent, brasseur à Frévent ;
Wallois, Pierre-François, cultivateur à Preures ;
Evrard, Paul-Joseph, docteur en chirurgie à Saint-Omer ;
Beaucourt, Alexandre, tanneur à St-Omer ;

Le greffier donne lecture de l'acte d'accusation, dans lequel est reproduit l'article incriminé, que voici :

SUR LE DOUBLE ACQUITTEMENT DU PROPAGATEUR.

Que n'ont-ils assisté au double procès du *Propagateur*, tous les hommes prévenus contre nos principes; qui crient à l'anarchie quand nous parlons de république; qui nous font des procès lorsque nous défendons les intérêts du pays.

Que les plaidoyers de MM. Dupont et Ledru ont modifié de jugemens hostiles, ramené à notre cause d'opinions erronnées !

On nous a entendns, et on a su ce qu'est la royauté du 9 août dont le juste milieu et les gens du roi se font les soutiens; on a su ce qu'est toute monarchie héréditaire ; combien de nombreux, de scandaleux, de honteux méfaits on peut, seulement depuis trois ans, lui reprocher.

On nous a entendus, et on a su ce qu'est cette république dont on fesait un croquemitaine pour épouvanter les populations, à ce qu'est cette république que nous désirons avoir dans l'intérêt du peuple , convaincus plus que jamais par la nouuvelle expérience de monarchie que nous venons de faire, que le gouvernement démocratique est le seul qui puisse assurer le bonheur, la liberté et la gloire des Français.

Les questions que nos amis Dupont et Ledru avaient à traiter devant le jury étaient épineuses et ardues : car c'était la guerre au pouvoir existant, un combat à mort au profit des idées républicaines contre les principes monarchiques dont la défense ne voulait plus.

Eh bien ! tout a été dit avec énergie et franchise; pas un seul chef d'accusation contre la royauté n'a été passé ; le prince a été traîné sur la claie et les accusés, devenus accusateurs, ont convaincu roi et ministres de manque de parole , de fraude , de corruption , d'hypocrisie , de violation des lois , de tendance au despotisme , d'aversion pour la liberté.

La république expliquée n'a plus effarouché personne. L'avocat du roi avait tenté de porter l'épouvante dans l'âme des jurés, en leur parlant de la loi agraire, de la terreur, des échafauds ; mais les jurés ont reconnu , dans ceux qui professent nos doctrines , des hommes de conscience et de probité , et ils n'ont pas craint d'avoir jamais à défendre le droit sacré de la propriété contre nous qui voulons à chacun son dû; ils n'ont pas craint le retour de la terreur de la part de ceux qui réclament l'abolition de l'échafaud.

Savent-ils bien , les gens du roi, tout le tort qu'ils font à leur maître en accumulant ainsi contre la presse procès sur procès ?

Ils croient , par la peur, réduire nos opinions au silence; et ils les traduisent devant la cour d'assises, où elles s'exhalent plus vigoureuses, plus hardies , plus accablantes pour la royauté.

Ils demandent au jury la condamnation de nos principes républicains, subversifs selon eux de tout ordre, de toute légalité, et le jury prend nos principes sous sa sauve-garde , et son verdict d'acquittement dit que ces principes ne l'effraient pas, qu'on ne doit point s'en effrayer.

On lira le compte-rendu de notre procès. Le système du 9 août mis au pilori n'a pas eu une seule voix de juré pour le défendre. Le *Propagateur*, accusé deux fois dans la même journée, a été les deux fois absout à l'unanimité. Il est sorti victorieux de toutes les attaques de l'avocat du roi, aux applaudissemens de tous les patriotes, et au grand avantage de la presse que cette victoire affermit dans ses idées d'affranchissement, dans ses projets de régénération.

M. Prevost, subsitut, prend la parole et soutient l'accusation.

M. Léon Couture se lève, et dit :

« L'arrêt que avez rendu dans la dernière audience est le prélude de celui que nous attendons aujourd'hui de votre justice ; l'innocence de l'article paraît à la seule lecture des passages incriminés, et l'on ne peut expliquer de telles poursuites judiciaires que par l'acharnement du pouvoir qui veut à tout prix une condamnation.

Il est bien naturel, sans doute, que le publiciste, ainsi traqué par l'autorité, deux fois poursuivi, acquitté deux fois, mêle à ses expressions un peu d'amertume et de chaleur, lorsque le verdict favorable du jury, joint au témoignage de sa conscience, lui persuade encore plus que la raison est de son côté, et l'oppression du côté de ses persécuteurs.

Eh bien ! tant pis pour le pouvoir mal inspiré, qui multiplie ainsi les occasions de professer publiquement des principes politiques dont l'application devient chaque jour plus prochaine ! Malheur aux princes qui appellent la vérité sur leurs actes, quand chaque vérité qu'on leur dit est une accusation qu'on leur adresse. (Mouvement.)

Et, par exemple, ne fallait-il pas être possédé de la monomanie des mises en prévention pour trouver dans l'article qu'on vient de lire, les caractères d'un délit politique ? qu'est-ce autre chose que le compte rendu de la séance du 24 août dernier, le récit impartial et décoloré des épisodes, des débats et des impressions dramatiques produites par les sympathies de l'audience ?

Les magistrats du tribunal d'Arras, réunis en la chambre du conseil, avaient déjà été appelés à se prononcer sur la criminalité de l'article, ils avaient déclaré qu'il n'y avait pas lieu à suivre ; mais quelqu'un écoutait aux portes : un homme qui se dit partisan des opinions indépendantes et semble applaudir aux sentimens politiques de Degeorge ; cet homme, ce magistrat, c'est M. de Waranghien, procureur du roi à Arras : on se souvient encore à Amiens de l'exaltation de son ardeur légitimiste sous la restauration, avant la chute de Charles X ; ceux qui l'ont rencontré à Paris, après les trois journées, ont eu l'occasion d'admirer l'extrême facilité de ce fonctionnaire à modifier ses opinions selon les événemens nouveaux.

En l'entendant au tribunal correctionnel de Saint-Quentin, appelant la reconnaissance et le respect des deux mondes sur Lafayette, on l'eût cru converti pour jamais à nos principes ; aujourd'hui M. le procureur du roi d'Arras continue les habitudes de docilité ministérielle commencées par M. le substitut de Waraughien ; il paraît que pour ce magistrat irréprochable, le bonheur de la vie politique comme de la vie privée est dans la variété des goûts. (On rit.)

On assure que des cinq magistrats qui siégèrent à la chambre d'accusation, deux ont partagé l'avis de la chambre du conseil de première instance, et que les trois autres ont été de l'avis du renvoi devant les assises; ainsi, sur huit magistrats, cinq auraient acquitté Degeorge, l'opinion défavorable des trois autres auraient déterminé la mise en prévention ; quel argument pour la défense !

Voyons maintenant quel délit le pouvoir a pu découvrir dans l'article incriminé, à l'aide du microscope ministériel :

Il faut se mettre à la place d'un pauvre journaliste cité à comparaître devant une cour d'assises; il faut compatir à ses tribulations, compter les chances de pénalité qui le menacent ; il a contre lui la *pensée immuable*, peu favorable au développement de la pensée en général; il a contre lui tous les ministères agglomérés. Puis la chambre d'accusation, qui est un peu la chambre ardente : dans un ordre subalterne, arrivent MM. les gendarmes, MM. les huissiers, MM. les sergens de ville ; dans la perspective, l'abbaye de Loo, Clairvaux, Poissy, le Mont Saint-Michel, toutes choses peu rassurantes en vérité.

Indépendamment de tous ces fléaux, quand six articles sont poursuivis à la fois comme dans le dernier procès, et que l'audience apporte à l'accusation le secours d'une parole haineuse, d'un requisitoire furibond à la manière de celui prononcé par l'ex-substitut Seneca, le journaliste a quelque raison de se féliciter, de se réjouir, après une double victoire; proclamée par un double acquittement; c'est une triste satisfaction qu'on ne saurait lui refuser sans injustice.... Il est vrai que le ministère a été plus discret, et qu'il n'a pas dit un mot de son triomphe, modestie dont on pénètre assez facilement les raisons. (On rit.)

Rentré chez lui, Degeorge devait à ses amis impatiens le compte fidèle de l'audience, il le devait au public, à ses abonnés, à la France entière. Sous le charme des souvenirs de ce débat extraordinaire, il prend la plume et commence le simple récit de ce qui s'est passé sous ses yeux : le journaliste devient historien.

Oh ! oh ! dit-il, en se frottant les mains, dans le bonheur de sa joie innocente, on nous a entendu, écouté, applaudi; nous avons parlé long-temps et clairement, nous avons dit son fait à chacun, royauté, république, amis, ennemis, chaque chose a eu son tour et son mot.

Il faut en convenir, mes avocats ont noblement plaidé; que d'erreurs ont été dissipées par leurs explications, que d'opinions égarées, que de jugemens hostiles ont été ramenés à notre cause, se sont ralliés à notre drapeau !

Et cette pauvre royauté du 9 août! on a su, parfaitement su ce que c'était! il y a long-temps que nous attendions le jour de la charger du poids de ces œuvres iniques ! Nos accusations éparses dans divers articles perdaient leur puissance en se divisant; groupées, rassemblées, jetées en faisceau à la tête de la royauté, elles lui ont appris tout ce qu'il y a de terrible dans la parole inspirée par l'amour du pays, par la conscience et la vérité!

Et la République, notre République à nous, si calomniée, tournée et retournée dans la poussière sanglante de 93, avec quel plaisir, avec quelle énergie nous avons su la réhabiliter dans l'esprit des hommes de bonne foi ! On la représentait appelant les excès que nous désavouons pour elle, on lui mettait des fragmens d'échafaud dans la main, on lui en fourrait jusque dans les poches, elle marchait précédée d'un code de lois impossibles : loi sur le partage des propriétés et des terres, ce qui donnerait, à chaque citoyen, d'après un calcul arithmétique, soixante - neuf francs de revenus par année (on rit), on lui criait: Fi! la méchante! à bas la scélérate! qui veut revenir parmi nous avec ses massacres de septembre, et ses mitraillades de Lyon, ses noyades de Nantes! il était temps de la venger de ces calomnies absurdes ; et qui pouvait accomplir ce pieux devoir aussi bien que nous qui la connaissons, cette République, qui avons formé son éducation, épuré ses mœurs, adouci et civilisé ses habitudes ? Nous l'avons produite à l'audience et son aspect n'a fait reculer ni les magistrats de la cour, ni les magistrats du jury; à peine M. le substitut Sénéca a-t-il eu le courage de répondre par une grimace à son humble révérence. Mais la sérénité de ses traits, le calme imposant de son visage, la franchise de sa profession de foi, ont convaincu les plus incrédules qu'il n'y avait rien à redouter d'une république qui se présentait si décemment dans un monde dont elle est appelée à faire bientôt le plus bel ornement.

Et le prince.... voyons...., qu'avons-nous dit du prince ? Oh ! le prince n'a pas été ménagé; on a fait à son occasion un article bien mordant pour la biographie contemporaine ; on lui a prouvé qu'il avait à lui seul accompli plus de mal que tous ses ministres réunis.... c'était le traiter en roi.

Dans ce moment on apporta au journaliste-narrateur l'*Echo du Nord*, qui rend compte du procès du *Propagateur*; c'est le numéro du 29 août ; l'*Echo* n'a pas perdu de temps ; voyons dans quels termes il s'est exprimé : « Le procès du *Propagateur* a offert un scandale inouï dans les fastes judiciaires : c'est celui d'un monarque pris personnellement à partie, et traîné sur la claie pendant deux heures, aux applaudissemens de l'auditoire. »

Prince traîné sur la claie.... Ma foi, l'expression est heureuse, le *Propagateur* la devra à l'*Echo du Nord*, et, sous la plume de Degeorge viennent se placer ces véridiques paroles : le prince a été traîné sur la claie. »

En effet, l'histoire nous enseigne que, pour les monarques parjures, il n'y a pas loin du trône à la claie.... (Mouvement.)

Quant aux rois et aux ministres, en général, on n'avait pas le temps de rappeler à l'audience les méfaits de chacun d'eux : il eût fallu accorder une demi-heure à chaque tête couronnée ; or, quel homme de bon sens consentirait aujourd'hui à employer si mal son temps. (On rit.)

Annoncer qu'on a parlé des rois et des ministres, c'est dire assez qu'on a raconté des fraudes, des corruptions, des violations de loi ; résumons tout cela et écrivons : «Roi et ministres ont été convaincus de manque de parole, de fraude, de corruption, d'hypocrisie, de violation des lois, de tendance au despotisme, d'aversion pour la liberté. » Et toutes ces douceurs prennent place dans le compte-rendu.

Degeorge ne pouvait passer sous silence ce qui le console et l'indemnise de toutes les persécutions du pouvoir ; il devait se glorifier des sympathies honorables qu'il avait rencontrées parmi ses juges, de l'adoption de ses principes politiques, appelés subversifs par l'accusation ; il devait dire que le jury n'avait pas reculé devant ces principes, et qu'en les prenant sous sa sauve-garde, il leur avait donné la vogue, il leur avait assuré le débit dont ils jouissent aujourd'hui dans la France entière : on les exporte même à l'étranger. Tout le monde en demande, c'est une fureur ; tandis que la liberté est en hausse, l'ordre de chose est en baisse. Encore un an, peut-être, et l'ordre de chose, de rebut, sera tout à fait hors de cours. (Bruit.)

Pour compléter ce récit de l'audience, Degeorge dit qu'en général MM. les gens du roi sont bien sots... de soulever ainsi, d'accumuler procès sur procès contre la presse ; ils viennent, ces pauvres gens du roi, il est venu, ce bon M. Seneca, débiter quelques lieux communs sur les périls chimériques de la société ; au commencement, au milieu, à la fin de leurs réquisitoires cette inévitable phrase se retrouve éternellement : « Messieurs les jurés, lorsque la société est ébranlée jusque dans ses fondemens les plus profonds. » S'ils répliquent, c'est encore la société et ses fondemens ; après l'audience, dans la causerie la plus intime et la plus familière, les fondemens de la société sont cousus à toutes les phrases ; à table, même, entre le fromage et la poire, ils vous servent encore les fondemens ébranlés de la société. Parole d'honneur, il faut avoir terriblement d'esprit pour n'être pas sot quelquefois, quand on a le bonheur d'être gens du roi. (Rire général.)

Messieurs, dit l'avocat, je vous dois une explication sur ces mots : *Gens du roi*, que j'ai répetés plusieurs fois dans ma plaidoirie, ce n'est pas que je fasse grand cas, par le fait de cette locution féodale qui me semble appartenir d'un peu trop près au vocabulaire de la domesticité ; mais elle m'a été fournie, il y a quelques années, par un homme qui faisait alors autorité ; je veux parler de M. le procureur-général du roi près la cour royale d'Amiens, sous la Restauration.

Lors du passage de Charles X dans cette ville, en 1827, M. le procureur-général mena au roi MM. les membres du parquet dans toute la splendeur de leur tenue officielle ; il entra le premier dans la salle d'audience ; et, après un profond salut : « Sire, dit-il, ce sont vos gens..... » Savez-vous ce que le roi répondit ? « Mais, monsieur, je n'ai pas sonné...... » Aussitôt MM. les avocats-généraux, MM. les substituts, MM. les conseillers-auditeurs se produisirent, et Charles X reconnaissant son erreur, s'empressa de la réparer par cette phrase sentimentale à l'usage des maires, des gardes-champêtres et des procureurs-généraux : « Je reçois avec un nouveau plaisir,.... etc. » formule qui a passé à son successeur avec une foule d'autres petits penchans royaux dont on désespère de le corriger. (Hilarité.)

En vérité, en vérité, je vous le dis, Messieurs, avec le *Propagateur*, et je vous en fais juges, le pouvoir a-t-il gagné quelque chose à la multiplicité de ces procès scandaleux faits à la presse et à la parole? A chaque audience, le système du 9 août, mis au pilori, n'a pas une seule voix de juré pour le défendre ; il ne recueille pas un seul vote. Il est vrai qu'en revanche, il recueille beaucoup de mépris.

En un mot, qu'est-ce que l'article incriminé ? Dans l'intention du rédacteur, dans la valeur des expressions, qu'est-ce autre chose que le compte-rendu, que le résumé de l'audience mémorable du 24 août dernier ?

Et l'on a vu dans cet article une offense envers la pesonne du roi, une excitation à la haine et au mépris de son gouvernement!

Et l'on invoque contre Degeorge la loi de 1822, flétrie à son origine par les Royer-Collard, les Guizot, les Sébastiani, qui ne rougissent pas d'en demander aujourd'hui l'application !

Excitation à la haine et au mépris du gouvernement du roi ! mais nous n'avons fait que raconter ses actes politiques, que mettre à nu son système gouvernemental ; raconter, c'est donc flétrir ! Malheureux et méprisable gouvernement que celui dont on ne peut donner l'histoire sans appeler le mépris, sans soulever le dégoût et la colère! A la tribune nationale, toutes les fois que l'opposition prend la parole pour blâmer les actes de la royauté citoyenne, vous direz donc qu'elle excite au mépris, qu'elle provoque à la haine de cette royauté ? La discussion des faits politiques est-elle permise , oui ou non ? Cette discussion, n'est-ce pas le droit , le devoir même de dispenser la censure ou l'apologie selon la nature et le caractère de ces faits ? Vous trahirez vos sermens, vous serez parjure , traîtres à la liberté, on le dira, on le prouvera , et vous qualifierez cette logique un appel au mépris, une excitation à la haine ! faites attention à vos œuvres ! pour être honoré soyez honorable , entendez-vous ! il y aura toujours assez de flatteurs , de courtisans , de plumes vendues pour exciter à l'admiration , à la vénération de votre gouvernement ; ce n'est pas la faute des hommes de cour , c'est la vôtre, si tous ces éloges salariés ne rapportent autre chose que la monnaie dont on la paie ; mais les hommes de cœur , les Degeorge ne manqueront jamais à la presse pour la soutenir, ni aux gouvernemens iniques pour les éclairer s'il est possible , pour les renverser s'il le faut, (mouvement.)

Nous comprenons que Degeorge n'aurait pas été l'objet de nouvelles poursuites , s'il eût rendu un compte moins fidèles des choses publiées à l'audience, s'il eût menti , par exemple, jusqu'à écrire. »

Nous avons été hués par l'auditoire.

La royauté du 9 août a été caressée par tout le monde.

Le prince a été mis sur un pavois d'honneur; nous lui avons fait une toilette charmante, nous l'avons purifié, nétoyé, parfumé; à l'audience , le prince embaumait.... (Rires.)

Nous avons été condamnés à l'unanimité !

Tous ces mensonges auraient peut-être trouvé grâce aux regards d'un gouvernement qui tient moins à la vérité qui blesse , qu'à l'imposture qui le flatte ; ou n'eût pas poursuivi l'auteur pour avoir rendu un compte infidèle de l'audience.

Mais Degeorge ne pouvait descendre à de tels ménagemens. Quel est d'ailleurs , pour l'écrivain acquitté , le premier bénéfice du verdict prononcé par ses juges ? N'est-ce pas de pouvoir reproduire le fait, la parole , la doctrine, poursuivis et déclarés légitimes ? Vous m'accusez d'avoir publié des articles criminels , professé des principes subversifs; vous demandez au jury si ces articles sont criminels, si ces principes sont subversifs; le jury répond : Pas du tout ; et nous serons obligés de dissimuler les mêmes doctrines, de rougir de la dispense obtenue! Le pouvoir trahit, en cela, sa tendance à tous les despotismes, en cherchant à neutraliser les effets les plus immédiats et les plus naturels , d'un arrêt de cour d'assises.

Les épisodes du débat appartiennent à l'écrivain , puisqu'ils sont publics ! Tout ce qui s'y passe , les interruptions, les silences, les apostrophes, les larmes, les bis, les murmures, les applaudissemens, on prend tout cela , on broye tout cela , et on en fait un compte-rendu de l'audience. Quoi de plus simple, quand on respecte la vérité !

Tant pis pour ceux qui ont joué dans le débat d'assez petits personnages.

Voyez un écrivain énergique et courageux en présence d'un président partial et passionné; il arrivera probablement que l'écrivain rappellera le président à l'observation de la loi.

Le lendemain, les journaux diront : Le président a été rappelé à l'observation de la loi. Voyez-vous l'épouvantable délit !

Supposez un avocat mordant, spirituel (notre ami Dupont, par exemple), rencontrant un accusateur public, peu familier avec les habitudes de l'audience, peu versé dans l'art si difficile, non de parler, mais de parler bien; l'avocat sera peut-être amené à dire : Il me semble que, dans ce moment, M. l'avocat-général déraisonne complètement.

Les journaux auront-ils tort de répéter : L'avocat a convaincu le ministère public de stupidité ? Non, car ce sera bien authentiquement la vérité. (Bruit.)

Les six articles incriminés et acquittés au mois d'août, les plaidoiries qui n'en étaient que le commentaire énergique, auraient pu être réimprimés tous les jours dans *Le Propagateur*, et le résumé incomplet, inoffensif, de ces articles, ne pourrait être publié impunément ; quelle absurdité ?

A la bonne heure ; mais votre *prince traîné sur la claie*, vous n'y venez pas. Allons, justifiez nous ce passage : c'est une offense envers la personne du roi, où il n'y en aura jamais.

Dans une défense moins loyale que la nôtre, on chercherait à escobarder la difficulté, on dirait : la personne du *roi* est inviolable; nous avons parlé du prince et non pas du roi !

Explication vraisemblable, car il n'était que prince, l'homme qui, sur le balcon de l'Hôtel-de-Ville, disait à Lafayette : Je suis républicain comme vous ! Eh ! qui ne le serait pas, après avoir vu les Etats-Unis d'Amérique ?

Il n'était que prince, l'homme qui promettait un répit éternel à la presse.

Il n'était que prince, l'homme qui disait, le 1er août, à Cavaignac : J'en veux plus que vous-même aux juges qui vous ont condamné.

Il n'était que prince, l'homme qui s'écriait : Quatre petits millions de liste civile seront plus que suffisans pour faire bouillir mon pot-au-feu !

Etait-il encore prince ou déjà roi, l'homme qui semblait adopter tous nos triomphes républicains, qui rabachait gloire, victoire, Jemmapes, Valmy.... Valmy, Jemmapes.... Perroquet bavard et monotone ; triste oiseau que cet oiseau-là !

Mais Degeorge n'a pas besoin de ces transactions. Prince ou roi, à votre volonté, Messieurs; aussi bien, le monarque a-t-il dignement continué le prince.

Le prince a été traîné sur la claie.... Il ne faut pas prendre la chose au positif; on n'a pas voulu dire qu'on avait pris le prince au collet, qu'on l'avait jeté sur la claie, et que, pendant deux heures, on l'avait promené sur la poussière du plancher, ce qui eût constitué un crime de lèse-majesté du genre le plus neuf et le plus pittoresque. (Rire.)

Non! le prince a été traîné sur la claie veut dire : le prince a été traduit à la barre de la nation, accusé, jugé, condamné!

Franchement, on ne l'a pas étendu sur un lit de roses, ce très-haut, très-puissant et très-excellent prince.

Autrefois on traînait sur la claie ceux qui jetaient aux vents leur vie douloureuse, les malheureux qui se donnaient la mort et se passaient des sacremens de l'église; on leur refusait les honneurs de la sépulture, et leurs restes, traînés sur la claie, étaient un spectacle offert au mépris superstitieux de la populace.

Nous, qui pensons que le prince a commencé sur sa personne sacrée le crime du suicide quotidien, qu'il précipite sa fin politique, et que sous son embonpoint trompeur un squelette prochain est caché, nous avons voulu qu'il goûtât, de son vivant, les douceurs de la promenade sur la claie; seulement nous avons traité l'agonie comme autrefois on traitait la mort; nous avons anticipé de quelques jours sur le cadavre de la royauté. (Frissonnemens dans l'auditoire.)

Ici l'avocat résume rapidement les méfaits nombreux, honteux, scandaleux qui, à l'audience du 24 août dernier, ont été reprochés au système de 9 août, que le prince a voulu qu'on reconnût pour le sien, et dont il ne changera pas, dût-on le piler dans un mortier, ainsi qu'il le disait à MM. Arago, Odillon-Barrot et Laffitte.

Il est donc vrai que le prince a été traîné sur la claie; et dans l'article incriminé, ces paroles ne font qu'exprimer ce qui s'est passé à l'audience.

Il y a peut-être quelques mots encore que la susceptibilité ministérielle n'aura pas voulu nous passer; ceux-ci, par exemple :

« Roi et ministres ont été convaincus de manque de parole, de »fraude, de corruption, d'hypocrisie, de violation des lois, de ten-»dance au despotisme, d'aversion pour la liberté. »

En voilà, j'espère, des accusations; il y a de quoi contenter les plus difficiles; et dire que tout cela est vrai... (on rit.)

Roi et ministres, etc.... Trouve-t-on là une personnalité offensante pour S. M. Louis-Philippe Ier, roi des français et membre de la Légion-d'Honneur? On a tort; la personnalité est impossible;

nous en offrons une double preuve, notre estime pour la personne du roi et notre respect pour les règles de l'orthographe.

L's qui termine le mot roi forme, entre rois et ministres, une liaison dont les peuples ont rarement à se féliciter. (On rit.)

Rois avec un s, rois, *pluriel!*

Philippe, roi....... sans s, Philippe, roi, singulier! (Hilarité.) Il aurait fallu roi et ministres pour qu'on pût rattacher à Louis-Philippe toutes les choses flatteuses qui terminent l'alinéa.

A moins qu'on ne soutienne que Louis-Philippe est compris dans le mot rois, en général, qu'il fait partie de la sainte-alliance, de la troupe des rois, dans laquelle, par parenthèse, il remplirait, avec assez de naturel, l'emploi des *financiers.* (Nouvelle hilarité.)

Quant aux ministres, on n'a pas, sans doute, la prétention de les protéger contre les justes inimitiés de la presse; ils sont en-deçà du principe prétendu d'inviolabilité : les ministres, c'est de la chair à polémique.... on peut mettre le pilon dessus.

Voilà pourtant les passages les plus séditieux de l'article intitulé : **Du double acquittement du** *Propagateur.* A qui Degeorge doit-il l'absurde procès dirigé contre cet article? Il le doit à son courage, à son influence dans le département, à la rancune du ministère, aux crispations nerveuses de *quelqu'un....* (C'est cela.)

Il est bien facile de prouver cette partialité! Pourquoi les autres journaux, qui ont rendu compte du procès avec des expressions énergiques, n'ont-ils pas été poursuivis?

Le 29 août, l'*Echo du Nord* imprima : « *Le monarque* a été pris personnellement à part et traîné sur la claie pendant deux heures aux applaudissemens de l'auditoire. » *La Gazette de Flandre,* journal légitimiste, se sert exactement des mêmes expressions.

La chambre d'accusation de Douai, le parquet de Lille, ne sont pas émus de ces paroles que Degeorge répétera deux jours après, en les adoucissant, et Degeorge sera poursuivi.

La Vigie de Dunkerque, Le Libéral du Nord, La Feuille de Cambrai, Le Bon Sens, Le Corsaire, non moins incisifs, ne seront pas inquiétés!

Dans *Le Patriote de Saone-et-Loire,* du 4 septembre, on trouve ce qui suit : « Le discours de M. Degeorge est un acte d'accusation »contre le roi Louis-Philippe, et au coup duquel il ne peut se sous-»traire depuis qu'il a foulé aux pieds son inviolabilité, en assumant »la responsabilité des violations de la charte commises par un con-»seil des ministres dont il s'est arrogé la présidence.»

L'article incriminé a-t-il rien dit d'aussi fort?

Non! mais le pouvoir a bu toute pudeur; il veut briser sous les doigts de Degeorge, infatigable, la plume dont il fait un si noble usage, la plume militante qui combat pour la liberté, pour les intérêts du pays, pour la cause de tous les peuples! Il croit atteindre, il croit abattre, et c'est lui qui tombe! A chaque nouvelle audience, un acte solennel d'accusation se lève, non du siége de l'accusateur, mais au banc de l'accusé, de la tribune de l'avocat! A chaque audience, le jury, interrogé, absout l'écrivain, et juge, flétrit, condamne le gouvernement.

Quand le pouvoir est assez discrédité pour que de telles professions de foi soient écoutées en silence par des magistrats, applaudies par l'auditoire, consacrées par le jury, sa fin est prochaine! Le divorce est consommé, le roi s'en va, le pays reste! (Sensation.)

Serait-il vrai, comme on nous l'a dit, que cette poursuite était en même temps un piège tendu aux avocats de Degorge, que des réquisitoires devaient être fulminés contre nos hardiesses, et qu'il n'a manqué au pouvoir que des magistrats moins indépendans, moins partisans de la liberté de la défense?

Vous avez vu, Messieurs, si ces menaces nous ont épouvantés; si nous avons chancelé, dans l'accomplissement de nos devoirs. (Oh! non, non!)

Vouloir entraver la parole!... hé bien, tant mieux; c'est nous donner des auxiliaires, tout le beau sexe, qui use assez de la parole, sera infailliblement pour nous. (Rires approbatifs dans la tribune des dames.)

Degeorge ne serait pas en butte à tant de persécutions s'il était moins ami de l'ordre, s'il prêchait l'anarchie, promettait une république renouvelée des échafauds de 93! c'est parce que la forme démocratique, purgée de ses anciens excès, fait des conquêtes dans l'esprit public, que ceux qui l'annoncent sont odieux au gouvernement. Les hommes éclairés n'ont pas de peine à comprendre que le caractère des révolutions se modifie selon le caractère, le degré de civilisation, le goût des lumières, du peuple qui accomplit cette révolution. En 93, Mirabeau a pu s'écrier : on ne fait pas des révolutions à la fleur d'orange; aujourd'hui nous répondrions à ce cri par un autre : on ne fait pas des révolutions avec le sang de ses concitoyens. En 93, un peuple ignorant, sur lequel pesait depuis tant de siècles, l'ilotisme et la féodalité, comme un arc long-temps comprimé, s'est redressé par un mouvement terrible et a brisé toutes les aristocraties qui se trouvaient à la portée de ce mouvement gigantesque; aujourd'hui que ces aristocratis se tiennent à distance respectueuse, et que le peuple instruit par quarante ans d'expérience, par vingt ans de LIBERTÉ DE LA PRESSE, a le sentiment de sa SOUVERAINETÉ, l'intelligence de ses hauts pouvoirs, il accomplira sans tumulte, sans violence, le changement de ses destinées politiques; le peuple français, aussi bien qu'aucune nation du monde, a montré sa délicatesse dans l'art de mettre les gens à la porte, et de leur persuader que c'est par pure politesse. (Rire).

Cette République, source de tant de désordres, nous ſl'avons eue à Paris, au mois de juillet 1830 ! le pouvoir brisé de Charles X préparait ses malles à Rambouillet; le pouvoir qui devait succéder, prudemment retiré à la campagne, se promenait les mains dans les poches dans les avenues de Neuilly. — Le peuple était tout, à lui seul, gouvernement, armée, législation, il était dans la possession pleine et non partagée de sa souveraineté; despote, s'il eut voulu, sanguinaire, si tel eut été son plaisir; il y avait des magasins, des banques, des trésors, de l'or, des diamans dans les maisons abandonnées! Hé bien, répondez, qu'a fait le peuple? il a pris des armes pour combattre, vaincre et pardonner, il a pillé le pavé des rues, mais pour se défendre, il a pansé, nourri, désaltéré les soldats vaincus, il a été grand, généreux, sublime, il s'est fait tuer pour que des misérables vinssent s'emparer du fruit de ses sacrifices et payer son sang avec des calomnies. (Mouvement).

Croit-on qu'en présence d'un tel peuple, les gouvernans égoïstes et dynastiques puissent se promettre une longue durée.....

Levez la tête... voyez-vous cette poussière... c'est encore une monarchie qui s'écroule..... place! Laissons passer les funérailles de la royauté.

Un murmure général d'approbation qui a accueilli cette belle, énergique et mâle plaidoierie.

Me Charles Ledru, se lève à son tour, et commence ainsi :

Messieurs, vos regards semblent me demander pourquoi je me lève ?

Pourquoi, en effet, prendre la parole pour répondre à une accusation qui ne tend à rien moins qu'à la suppression de l'article de la charte relatif à la publicité des débats judiciaires !

Néanmoins, par respect pour moi-même, et surtout par respect pour ceux de vos concitoyens qui siégeaient, il y a trois mois, sur les bancs où vous êtes assis, je suis obligé de dire quelques mots; car c'est à eux, bien plus qu'à Degeorge, que s'adresse la poursuite actuelle. Certes, les lumières et l'indépendance, dont ils ont fait preuve, attestent que la voix de leur conscience suffit pour les défendre; mais moi, témoin et acteur dans ce drame, où ils figurèrent comme juges, je leur dois de ne pas permettre qu'il reste rien d'une accusation qui me laissera toujours un regret, celui de ne pas me rencontrer ici, face à face, avec les profonds politiques qui l'ont provoquée.

En présence des loyaux adversaires que nous trouvons à cette audience, nous tenons la lance baissée. Nous serions heureux de la relever devant quelqu'un des sociétaires de ce saint office qui, d'Arras et de Douai, dirige contre Le Propagateur, sous la protection du huis-clos, ces attaques multipliées dont on laisse à de plus braves les fatigues et le danger. (A ces paroles, prononcées avec l'accent de la colère et du mépris, l'auditoire éprouve une vive émotion.)

Me Charles Ledru continue.

Au moins fallait-il mieux choisir le prétexte d'une nouvelle tracasserie; car le procès d'aujourd'hui est, avant tout, l'œuvre de la maladresse la plus insigne.

Le tribunal d'Arras, qui paraît beaucoup moins se soucier de manifester son zèle que de rendre bonne justice, avait pourtant donné un avertissement salutaire. Les juges de la chambre du conseil avaient déclaré, *à l'unanimité*, qu'il n'y avait lieu à suivre Et, en effet, quel jurisconsulte, ou plutôt quel écolier, n'aurait compris que la plainte portée contre *Le Propagateur* était absurde dans la forme comme au fond?

M. le procureur du roi, d'Arras, n'a pas été de cet avis-là. Il a cru utile à la royauté que l'affaire du mois d'août fût une seconde fois soumise à la publicité d'un débat solennel.

On l'a voulu. Eh bien! soit! nous voici! Mais j'avertis ces faiseurs de procès, ces entrepreneurs de condamnations, à tout prix, que leur maître ne les félicitera pas de leur ardeur immodérée. On aime les serviteurs dociles et dévoués; toutefois, c'est à condition qu'ils aient au moins assez d'habileté pour ne pas compromettre l'idole devant laquelle ils se prosternent. (Sensation.)

Or, qu'a-t-on fait?

Degeorge avait dit un mot de son acquittement, on profite de ce mot pour faire revivre une affaire éteinte. Sous quel prétexte? Cet article contient-il un récit infidèle! Cela serait, que vous n'auriez pas à vous en occuper; car, en ce cas, c'est la cour qui aurait dû être saisie, puisque la loi de 1822 confère au tribunal qui a tenu l'audience, l'attribution spéciale pour connaître du délit d'infidélité.

M. le procureur du roi d'Arras est trop grand jurisconsulte pour ignorer cela. (On rit.)

Il est aussi trop au courant de la jurisprudence pour supposer que cette loi de 1822 soit tombée en désuétude; car ce magistrat sait, comme vous le savez tous, Messieurs, sans être légistes, que c'est en vertu de cette loi qu'un journal, toujours traduit devant le jury et toujours victorieux, que *Le National* vient d'être condamné d'une façon si odieuse par un tribunal d'exception, ayant pour chef ce M. Dubois dont on fait... (on rit.) Me Ledru poursuit : dont on fait, dans les grandes circonstances, un président de cour d'assises. (Rire général.)

Quoi qu'il en soit, puisqu'on vous a choisis pour juges de l'exactitude ou de l'infidélité du compte-rendu de Degeorge, je me vois obligé de vous offrir le procès-verbal exact de la séance dont l'article incriminé a retracé la phisionomie; ce sera à vous de juger si, loin d'être criminel, le récit qu'on vous défère n'est pas une image pâle et décolorée de l'audience.

Je le répète, c'est à regret que je reviens sur cette affaire ; mais M. le procureur du roi d'Arras l'ayant voulu, il faut bien le satisfaire ; car notre République a des formes, du savoir vivre, et elle se pique surtout de déférence pour les moindres désirs de la magistrature. (On rit.)

Ce procès eut lieu à l'occasion de divers articles qui traitaient des questions les plus élevées de l'ordre moral et politique, entre autres de la responsabilité royale.

A l'appui d'une théorie qui concluait positivement à faire reconnaître que le chef de l'état n'était pas et ne devait pas être inviolable. Degeorge, dans ces articles, accusait le gouvernement de ruse, de corruption, d'illégalité, de provocation aux émeutes, de lâche cruauté, d'ingratitude ; ces reproches, il les adressait non pas seulement aux ministres, mais à Louis-Philippe en personne, qu'il représentait comme infidèle à ses sermens, traître à ses amis, à ses parens, à sa patrie, en un mot, comme le type du plus odieux et du plus vil égoïsme.

Vous le voyez, Messieurs, il serait difficile de soutenir que ces articles fussent complètement inoffensifs. (On rit.)

Cependant un nombreux auditoire se pressait dans cette enceinte ; la présence du camp de Saint-Omer ajoutait encore à la solennité de l'audience, où l'on voyait au milieu des citoyens de diverses députations du Pas-de-Calais et des principaux habitans de cette ville, toujours empressés de manifester leur vive sympathie pour la liberté de la presse, un grand concours de militaires de tous grades, simples soldats, lieutenans, des officiers supérieurs, confondus dans la foule comme pour attester qu'avant d'être soldats ils étaient citoyens, et qu'eux aussi s'intéressaient à la cause de la liberté.

C'est en présence de cet auditoire imposant que l'orateur de l'accusation, s'adressant au jury, *lui tint à peu près ce langage* :

« Il est des esprits pour lesquels le repos est fatiguant, et la paix publique un sacrifice, etc., etc. »

Après quelques mots dans ce goût, l'homme du roi fit de Degeorge une esquisse peu flattée, je l'avoue ; il ne dit pas positivement que notre excellent ami fût un jacobin, et cela par respect, sans doute, pour S. M. Louis-Philippe, qui a été un des membres les plus assidus de la fameuse société ; mais il nous peignit Degeorge si désireux de désordre et d'anarchie, que bien des auditeurs auront été tentés de se dire : « Ce gaillard-là est donc un petit Robespierre. » (Rire général.)

Après cet exorde, M. le substitut se mit sérieusement en devoir de réfuter les propositions mal sonnantes de l'article incriminé, il répé-

tait chaque passage successivement, et cela fait : « Le croirez-vous,
» MM. les jurés, disait-il, on accuse le roi d'hypocrisie, d'ingrati-
» tude, etc., est-ce bien possible..... je vous le demande, la chose
» est-elle croyable ? » Puis, l'orateur présentait un tableau des vertus
officielles du roi : roi généreux, loyal, prodigue, etc.

Inutile d'ajouter que souvent la période retentissait des mots
de prince bourgeois, monarque citoyen, élu des barricades ; mots
touchants qui, dans le dictionnaire monarchique, ont remplacé
ceux de descendant de saint Louis, de petit-fils d'Henri IV, et
autres de même valeur.

A la suite de cette logique démonstration du crime de Degeorge,
l'orateur en vient à ce qu'on appelle en rhétorique la péroraison.
C'est là qu'il fallait frapper le grand coup : il *pérora* donc de manière à enlever d'assaut la condamnation.

En effet, M. le substitut, résumant toutes les mauvaises intentions
de l'écrivain accusé, s'écria : « Ce qu'on veut, on ne le dissimule
plus, c'est le partage des biens, la spoliation de ceux qui possè-
dent, en un mot la loi agraire ! »

Or, ce fantôme de la loi agraire, qui aujourd'hui est de mode dans
les réquisitoires, est la plus agréable espièglerie que jamais se soient
permise M. les gens du roi pour mystifier un jury qui serait disposé à
les croire sur parole.

Ces messieurs paraissent être convaincus, et voudraient persuader
à leurs auditeurs qu'autrefois à Rome on fit entre tous les citoyens
de la république le partage des terres : de sorte que les riches se
trouvèrent un beau jour réduits à la *portion congrue*, comme dirait
M. Dupin.

Eh bien ! Messieurs, il n'y a pas un mot de cela dans l'histoire
romaine ; mais, voici ce qui arriva.

Les triomphes des armées de la république, ayant réuni au terri-
toire de la République de vastes provinces, les patriciens s'étaient
attribué ces terres, à l'exclusion des plébéiens.

La loi que proposa le premier des Gracques, sous le nom de *loi
agraire*, eut pour but de demander la distribution de ces terres entre
ceux qui les avaient conquises. C'était chose juste, assurément : car,
en bonne équité, celui qui a gagné le butin doit au moins y prendre
sa part. Néanmoins les patriciens crièrent à la spoliation, à peu près
comme font aujourd'hui ces héros du lendemain qui, après s'être
partagé la victoire de juillet s'indignent qu'un citoyen meurtri dans
les barricades prétende à quelques miettes du festin.

Les jurés devant lesquels M. le substitut donnait son explication
étaient fort heureusement des hommes éclairés, possédant Tite-Live
et Denys d'Halicarnasse. Aussi bien que désireux de conserver leur
patrimoine, et même de l'augmenter si c'était possible, restèrent-

ils assez froids au sinistre discours de l'orateur. Celui-ci, de son côté, se rassit alors aussi tranquillement qu'un homme qui n'aurait pas redouté le bouleversement immédiat de la société. (On rit.)

Degeorge se leva à son tour :

Ses premières paroles furent la réponse à la question que la plupart des auditeurs s'adressaient sans doute à eux-mêmes : « Comment un écrivain, si dévoué naguères au trône de juillet, avait-il cessé de le défendre pour se ranger parmi ses adversaires les plus prononcés. »

Je vous dois compte de ce changement, dit Degeorge ; et vous allez en apprendre la cause de ma bouche.

J'ai cessé d'être attaché à la royauté de juillet, comme on cesse ses relations avec un ami par qui on a été indignement trompé. L'homme autour duquel nous nous étions ralliés nous annonçait une monarchie républicaine ; c'est-à-dire, un gouvernement économe, populaire, ennemi de toutes les fraudes, de toutes les violences, protecteur de toutes les libertés. Sa charte, en un mot : *devait être désormais une vérité*, à la différence de la charte de la restauration qui n'avait été qu'un mensonge.

Cet homme à qui nous avions donné toute notre confiance, qu'en a-t-il fait ?

Il l'a trahie : nous avons été forcés de voir que son ardeur républicaine n'était qu'une ruse, ses poignées de main qu'hypocrisie, ses chants de la *Marseillaise* une parade d'escamoteur.

Suivez sa marche :

Les hommes dont il s'entoure d'abord pour couvrir ses projets de leur popularité, ce sont Lafayette, Dupont de l'Eure, Odillon-Barrot.

Il les appelle ses amis, il se précipite dans leurs bras en versant des larmes, quand ils paraissent douter de lui. Mais aussitôt que Dupont et Lafayette ne sont plus indispensables au succès de son rôle, le royal comédien les *rejette* (1) et il s'en glorifie en des termes que la pudeur de cette audience ne permet pas de répéter.

Leurs successeurs, qui sont-ils ?

Un d'Argout, incendiaire du drapeau tricolore ; un Guizot, prôneur impudent des cours prévôtales ; en un mot cette bande noire de la doctrine que la France vit, en 1814, prendre parti pour les Sacken et les Blücher contre les débris de la grande armée ; en 1815 applaudir aux exécutions de Ney et de Labeidoyère ; en 1817 professer la théorie des lois d'exception et de la censure ; nation ennemie au sein de la nation même dont elle pompe les sueurs, et qu'elle a toujours reniée quand elle ne l'exploitait pas.

Voilà les hommes de la royauté.

1 Je les ai rejetés comme une médecine.

Quelles sont leurs œuvres ? Les émeutes provoquées, les conspirations de police , les embrigademens d'assomeurs soldés par le château.....

Ici, Messieurs, M. le substitut Sénéca bondit tout à coup sur son siège (car n'oubliez pas que je retrace les détails de l'audience du mois d'août , et cela pour faire plaisir à M. le procureur du roi d'Arras qui y tient. On rit.)

M. Degeorge, M. Degeorge, s'écria-t-il d'un ton désespéré, je vous arrête. C'est trop fort !

Degeorge continua son discours et rappela les iniquités à jamais mémorables de cette horrible journée où la police du château faisait massacrer des pauvres jeunes gens dont le seul crime était de porter une cocarde tricolore.

Certes, l'orateur du ministère public devait rougir de honte pour le pouvoir dont il était le représentant : mais les gens du roi ne tiendraient plus sur leurs siéges, s'ils voulaient se lever à chaque accusation de lâche cruauté portée contre le gouvernement.

Qui ne sait la scène du Pont-d'Arcole, et cette nuit lugubre où de jeunes citoyens , réunis pour prier sur leurs frères morts , furent assaillis des deux côtés du pont par les épées nues des sergens de ville. Ils chantaient l'hymne de la *Marseillaise* : voilà le crime qui fut puni par le glaive !

Après, le pont d'Arcole, vinrent les coups fourrés des sergens-de-ville, ameutés et exercés dans l'intérieur du château par un très-excellent personnage lui-même : c'était le jour où la prise de Varsovie avait jeté la consternation dans la capitale. Les augustes copistes de Nicolas avaient choisi ce jour pour se signaler aussi par une petite boucherie à leur taille.

Enfin les journées de juin , elles-mêmes , qu'est-ce autre chose qu'une spéculation dynastique sur le sang des citoyens pour rallier les incertains , amener à soi les effrayés , et surtout exercer, à l'aide de l'état de siége , d'implacables vengeances ! La garde nationale de Paris fut trompée à ce piége; mais que de regrets n'ont pas dû éprouver ceux qui ne s'éclairèrent qu'aux débats du procès du *Corsaire*, où il fut constaté que la bande de Vidocq s'était jetée dans les rangs de l'insurrection pour préparer à la mitraille du roi - citoyen l'occasion d'un beau triomphe ! (Sensation profonde.)

Voici à peu près , Messieurs, comme Degeorge commença cette courageuse défense , dont M. le procureur du roi d'Arras veut absolument une édition nouvelle.

Après ces premières révélations , l'honorable accusé fit l'inventaire de toutes les ruses , de toute les perfidies de la royauté.

Par exemple , de quel nom , dit-il , appeler la conduite de Louis-Philippe envers M. de Mortemart ? L'ancien ambassadeur de Charles X est envoyé en Russie, ayant la parole du roi que celui-ci n'accepte la couronne que pour la conserver au duc de Bordeaux ; longtemps on soutient à M. de Mortemart qu'il a été trompé. L'homme d'honneur refuse de croire à tant de perfidie.... Enfin, il est obligé d'ouvrir les yeux et de cesser un rôle humiliant pour lui, mais bien plus humiliant encore pour la France, condamnée à se faire menteuse à la cour du czar, parce que cela convient à une petite intrigue de dynastie. (Sensation.)

On ment avec M. de Mortemart, on ment avec l'empereur Nicolas.... envers les ministres, même duplicité, même fourberie. M. Laffitte est président du conseil : le salut et l'honneur de la France sont dans ses mains ; il en répond sur sa tête..... La royauté ne s'en inquiète pas, et dans la crainte d'un divorce avec la sainte alliance, elle enlève, *elle dérobe* au président du conseil les dépêches du gouvernement. Dans le monde il y a des termes énergiques pour désigner celui qui soustrait une lettre à l'adresse d'autrui. Mais M. Laffitte a dû retenir son indignation ; car il a appris que l'auteur de la soustraction était une personne inviolable et sacrée. (Vive sensation.)

Degeorge a raconté tous ces faits : peu disposé à ménager les gens qui le représentaient comme un émule des Marat, il est allé plus loin. Qui êtes-vous, a-t-il dit à ceux qui parlent sans cesse des excès révolutionnaires ? Sans doute des exemples de modération, de générosité, envers vos adversaires ? Mais jamais pouvoir ne fut si violent et si prompt à opprimer les libertés, si cruel et si lâche ; les personnes, la pensée, l'honneur des citoyens, ont été livrés par vous à la merci des conseils de guerre.

C'était dira-t-on dans un instant de délire : car après le moment de peur il prend aux couards une sorte de fureur qui ne connaît plus de bornes. Mais le délire passé, la froide raison venue, à la suite de tant de condamnations judiciaires, qu'avez vous fait ?

Ce n'est plus Degeorge qui vous le demande, c'est moi. Car parmi vos prisonniers j'avais des amis ; j'ai connu toutes leurs angoisses ! malades vous leur avez refusé l'asile d'une maison de santé ; que dis-je ? Sous vos verroux même, le médecin n'a pu être admis près d'eux que lorsqu'il n'était plus temps, et c'est au milieu des ravages du choléra, quand vous mêmes pouviez être emporté par l'ange de mort jusqu'aux pieds de Dieu, que vainqueur, vous avez été inhumain pour les vaincus : c'est ainsi qu'ils t'ont tué, toi, brave Ricard-Farra, toi mon ami, qui m'écrivais encore quelques jours avant que ta prison fut devenue ton cercueil ! (La voix de l'orateur est profondément altérée par l'émotion qu'il éprouve. Une partie de l'auditoire ne peut retenir ses larmes.)

Envers Jeanne et ses immortels compagnons, même système. On se venge sur eux, dans la prison, de l'héroïsme presque fabuleux du cloître Saint-Méry.

Je ne viens pas ici protester inutilement contre une condamnation qui, à son tour, sera jugée ; mais tout honnête homme , à quelque opinion qu'il appartienne , réprouve la haine qui poursuit l'ennemi politique jusque dans son cachot.

Eh bien ! cette royauté, au nom de laquelle on traite des hommes comme Degeorge, d'anarchistes et presque d'assassins , voyez combien elle est douce et bonne à Saint-Michel. Ce lieu de tortures, où toutes les tyrannies ont de tems immémorial renfermé leurs victimes , c'est celui qu'a choisi Louis-Philippe pour cette légion de braves dont les noms vivent déjà dans l'histoire comme celui de Léonidas aux Thermopyles. (Murmure d'approbation.)

C'est là, sur un rocher solitaire qu'ils sont enchaînés : plus de parens, plus de compagnes pour adoucir les rigueurs de leur captivité; et si quelque ami dévoué entreprend ce pélerinage, il court le danger d'être englouti dans les sables mouvans qui entourent comme une mer orageuse ce cachot inabordable.

Il est cependant une pauvre femme dont la tendresse a tout bravé : c'est la mère de Jeanne. Cette pieuse mère est venue habiter la cabane la plus voisine du rocher ; delà elle semble veiller sur son fils et le protéger contre les rigueurs des geôliers; car ce fils, qui lui a couté tant de larmes, elle en est fière : c'est l'orgueil de sa vieillesse, et elle a raison : le temps mettra chacun à sa place , le bourreau comme la victime. (L'émotion est à son comble, et de nombreux applaudissemens éclatent dans l'auditoire.)

Vous connaissez, Messieurs , les anges de paix , de douceur et de clémence qui ont la hardiesse d'invoquer contre Degeorge les souvenirs de 93 : leur conduite est le digne commentaire de leurs accusations.

Quant à Degeorge, s'il les a démasqués , c'est que son devoir ne lui permettait plus le moindre ménagement. Long-temps , trop long-temps , peut-être, il avait cru à leur bonne foi; mais la loyauté n'est pas soupçonneuse.

Il y a trois mois il fit avec franchise, à cette audience, l'aveu de son erreur.

Pour m'inspirer des soupçons contre Louis-Philippe, on me répétait, disait-il , qu'à Saint-Amand l'aide-de-camp de Dumouriez avait déserté à l'ennemi: je ne voulus pas le croire , et cependant c'est un fait historique.

On ajoutait que plus tard , en Espagne , il avait accepté un commandement contre la France : je répondais que ce ne pouvait être qu'une calomnie..... et pourtant on ne calomniait pas.

Enfin je voulais douter quand on me disait qu'au moment où le président de la Convention nationale , la voix pleine de larmes, prononçait contre Louis XVI la peine de mort, le fils de d'Orléans, obéissant peut-être à des sentimens de piété filiale , avait troublé le morne silence de l'assemblée par une joie bruyante et d'horribles applaudissemens... et pourtant je ne puis plus douter : car c'est l'histoire qui m'ordonne de croire. (Sensation profonde.)

Ainsi parla Degeorge. Ainsi l'honnête homme accusé fit connaître à ses concitoyens pourquoi il s'était fait l'adversaire de cette royauté qu'il avait d'abord défendue.

Je ne vous retracerai pas, Messieurs, les sinistres prédictions que ce honteux passé donnait à Degeorge le droit de faire entendre.

Mais certes, vous comprendrez que son langage dût émouvoir profondément, quand après avoir retracé toutes les lâchetés du pouvoir depuis trois ans, toutes ses bassesses et ses cruautés pour obtenir les bonnes graces de la sainte alliance, il démontra que le projet d'élever 14 bastilles autour de Paris n'avait d'autre but que de tenir en respect la garde nationale et le jury.

Est-il possible de croire à de pareils projets?..... possible... pourquoi non ?

Qui de vous se flatterait de peser plus dans la balance que les Lafayette, les Dupont-de-l'Eure. C'étaient les amis du roi..... Comment les a-t-il traités? Les combattans de juillet, qui lui avaient donné leur sang..... où sont-ils?.... Tous dans les cachots.... tous ! (Sensation générale.)

Sa famille, quel cas en a-t-il fait ? Demandez à sa nièce, achetée, torturée, flétrie par son royal parent.

Et ces malheureux étrangers qui recevaient de sa main des armes et *de l'argent* (il leur portait bien de l'intérêt !), ces insurgés d'Italie et d'Espagne..... ne les a-t-il pas livrés à la sainte alliance?

Après avoir démontré que toute la conduite du gouvernement était l'œuvre personnelle du roi, et non des ministres qui ne sont que ses instrumens, Me Ledru continue ainsi :

Néanmoins, il est tranquille, et on se prosterne devant lui en chantant ses vertus. Et là, à mes côtés, il y a un homme dont le repos est sans cesse troublé par un remords. C'est Degeorge.

Il permettra, à la voix de son ami, de vous raconter la cause de ce trouble qui l'agite. (Sensation profonde.)

Le 30 juillet Degeorge était à Paris. Un jeune anglais, M. John Sterling, son ami et le mien, l'avait prié de présenter au général Lafayette le chef le plus habile et le plus intrépide des exilés espagnols, Torrijos. Lafayette avait aussitôt mis Torrijos en communication avec les ministres Guizot, de Broglie, etc. C'est à la suite de ces entrevues officielles que le roi avait fait remettre les 100,000 fr., qui furent confiés à notre ami Dupont, en avance des trois millions promis, pour assurer le sort de l'insurrection espagnole. Le château favorisait l'entreprise de Torrijos, parce qu'il se promettait de trouver en lui l'instrument d'une intrigue domestique. Il paraît qu'on avait rêvé un mariage pour le prince Rosolin (on rit). Bientôt une autre intrigue dynastique prévalut..... on ne s'inquéta plus de Torrijos, et ce courageux citoyen a payé de sa vie, avec cinquante de ses compatriotes, une confiance aveugle dans les promesses de la royauté.

La compagne de Torrijos le pleure au sein de la capitale d'où il est parti pour mourir. Jamais sa douleur n'a accusé Degeorge ; mais lui, qui souvent a mêlé ses larmes aux larmes de cette digne épouse, ce souvenir sera à jamais son désespoir. Il changerait sa liberté contre une prison perpétuelle si le sacrifice de sa liberté pouvait rendre son illustre ami à cette pauvre femme, qui a juré de ne plus même revoir sa patrie avant le jour où ceux qui ont tué Torrijos comparaîtront à leur tour devant des juges. (Tout l'auditoire est ému jusqu'aux larmes, ainsi que M. Degeorge et l'orateur lui-même.)

Voici, Messieurs, quelques-uns des faits que Degeorge a révélés à vos prédécesseurs. Je n'ai pas tout dit : cependant il y en a assez, j'espère, pour cette fois, et nous devons croire que M. le procureur du roi d'Arras, sera satisfait.

Vous-même reconnaîtrez que Degeorge n'a rien dit au-delà de la vérité quand il a affirmé, en annonçant le verdict du jury, que le prince *avait été traîné sur la claie, et que les accusés, devenus accusateurs, l'avaient convaincu de fraude, de corruption, d'hypocrisie, de violation des lois, de tendance au despotisme.*

Il me reste à vous donner l'explication d'un autre passage de l'article incriminé, celui où l'on dit que les débats de l'audience ont appris *ce que c'est que monarchie héréditaire, combien de honteux méfaits on peut lui reprocher, etc., etc.*

Cette partie de la démonstration avait été confiée à Mᵉ Dupont, qui plaidait avec moi pour M. Degeorge.

Or, voici comment notre courageux ami avait envisagé la thèse ; je la rappelle encore pour me rendre aux vœux du magistrat habile et plein de tact qui dirige le parquet, à Arras.

Degeorge avait attaqué Louis-Philippe et son système ; Dupont s'en prit à la monarchie en général, qu'il accusa de perversité *innée.*

Il commença par rechercher la raison physiologique de cette prédisposition au mal, et il soumit au jury une théorie assez intéressante pour que j'en dise un mot. Cette théorie appartient à l'un des plus grands citoyens des États-Unis, Jefferson.

Cet homme d'état a pensé, et c'est l'avis de notre éloquent ami Dupont, que cette prédisposition fatale tient à un vice qui est dans le sang. En effet, il résulte de l'observation que les races des animaux se détériorent et dépérissent lorsqu'on n'a pas la précaution de les croiser de temps en temps. (On rit.) L'union des différentes espèces en conserve la pureté : c'est un axiôme reçu et pratiqué par tous les directeurs de haras ; or, les familles royales ne procèdent pas de manière à se conserver. On ne voit pas, par exemple, une princesse épouser un cultivateur, ni même un banquier ; et un prince croirait se mésallier s'il mêlait son sang à celui d'une famille de négocians. Le prince Rosolin, lui-même, ne voudrait peut-être pas de la fille d'un millionnaire. Delà il arrive que les individus qui naissent sur le trône, ou près du trône, sont en général incomplets au physique et au moral. (Rire général.) Il y a long-temps, par exemple, qu'on dit que les Bourbons sont une race usée : il y a dans ce mot populaire toute une théorie, tant il est vrai que le bon sens du peuple est une sorte de résumé de toute la science.

L'histoire, disait Me Dupont... (et, Messieurs, je le répète... c'est M. le procureur du roi d'Arras qui veut que nous revenions sur toutes ces thèses) l'histoire atteste que Jefferson a raison quand il fait aux individus royaux l'application de sa doctrine physiologique.

Étudiez le gouvernement constitutionnel modèle : celui de l'Angleterre.

A toutes les époques la royauté a été perfide ou violente ; faible, c'est à la ruse ou à la corruption qu'elle a eu recours pour dominer dans les communes et extorquer l'argent du peuple ; forte, elle a été oppressive.

Cela vient de ce que le principe populaire est ennemi du principe dynastique, et qu'entre deux ennemis il faut bien que ce soit toujours l'adresse ou la force qui décide la victoire. Pour nous qui voulons que le peuple gouverne comme il l'entend, notre théorie se réduit à supprimer ce qui s'oppose à sa volonté, soit par la force, soit par la trahison, soit ouvertement, soit par l'intrigue : en d'autres termes *nous sommes républicains parce que nous sommes d'honnêtes gens.*

Je me rappelle qu'à ce mot de Me Dupont, M. le substitut se saisit de sa plume et prit des notes.... c'était sans doute pour son instruction, car il n'y eut pas de réplique. (On rit.)

Qu'oppose-t-on aux partisans de la république ? ajoutait l'orateur : 93 ! toujours 93 ! comme si cette époque de terrible *dictature* était la République.

Toutefois, j'admets que le système de la terreur ait appartenu à la République, que pourrait-on en inférer ? Serait-ce que l'échafaud en permanence est la loi commune, la règle générale dans une République.

Mais, à ce prix, et si l'on jugeait le système monarchique par ce qu'il a produit de hideux et de sanguinaire, à certaines époques, soutiendrait-il le parallèle avec 93 même ?

Faisons ici l'expérience. Vous opposez sans cesse Marat et Robespierre ; comparons-les donc tous deux, non aux rois qui ne sont plus , mais à chacun de ceux qui , en ce moment, tiennent l'Europe sous leur domination.

Nicolas de Russie n'est pas républicain, du moins il ne passe pas pour tel (on rit), quel terroriste , dans toute une année de la révolution a fait couler autant de sang et de larmes que lui , sur son trône impérial , dans un seul jour? Ce grand monarque qui déteste, sans doute, les massacreurs de septembre, a exterminé, lui, tout un peuple! Jugez donc la royauté au poids du sang , et dites-moi si la République a , parmi ses noms les plus odieux , quelque monstre comparable au souverain devant lequel le roi de France s'humilie , et que, dans d'autres siècles , on eût pris pour un de ces anges d'extermination que la colère du ciel envoyait sur la terre pour la purifier dans le sang de l'humanité. (Mouvement général et applaudissemens.)

Ailleurs, un don Miguel. Celui là ne se contente pas du sang de ses sujets, il met a prix la tête de son frère et de sa nièce.

D'un autre côté, c'est un duc de Modène l'assassin de ses anciens amis, et parmi eux de Menotti qui deux fois lui avait sauvé la vie.

A Naples , que voyez-vous? Cette famille qui jure la charte et qui se fait libérale jusqu'à ce que le triomphe des armées autrichiennes la relève de ses sermens et lui rende le sceptre absolu pour en frapper ceux qui avaient cru à son patriotisme.

En Piémont , c'est un Charles Albert dont les soldats sont coudamnés au métier de bourreaux.

En Espagne, c'est une reine, elle commence... nous verrons. Il y quelques mois c'était Ferdinand VII son royal époux , modèle de bonne foi et d'humanité! lui aussi avait juré la constitution de ces braves Cortès qui eurent la gloire d'arrêter le génie de Napoléon lui-même. Quelle récompense leur a-t-il donnée? des fers et la potence. Et Riégo son ami, son sauveur... Il est mort assassiné par son ordre.

Nous autres simples mortels nous vouons à l'exécration ces atrocités royales... A la cour on porte le deuil de Ferdinand VII, et on fait insérer au Moniteur un article où il est dit que Dieu a appelé à lui ce vertueux prince...... Vraiment la Providence se serait là choisi une jolie société. (Approbation générale.)

Vous voyez, MM. les jurés que MM. les gens du roi qui jugent si sévèrement une époque , *qui n'était pas la République* , à cause des cruautés qui l'ont signalée, peuvent se dispenser de remonter si haut pour savoir à quoi s'en tenir sur la monarchie. Je recommande spécialement cette idée toute simple et toute naturelle à l'attention de M. le procureur du roi d'Arras , car s'il déteste le sang et les échafauds comme il l'assure, il se déclarera bientôt l'adversaire implacable de toutes les têtes conronnées. C'est un appel que je fais à sa logique et à sa conscience. (On rit).

Je vous ai fait connaître MM. les jurés, ce qui s'est passé dans cette enceinte il y a trois mois. A présent vous êtes à portée de savoir si Degeorge avait altéré la vérité lorsqu'il a reproché aux hommes du parquet de l'avoir forcé pour sa défeuse à *traîner la royauté sur la claie.*

Pouvait-il se défendre avec cette liberté? était-il convenable que le président du débat la tolérât? car cet honorable magistrat a été aussi calomnié parcequ'il avait eu le courage de sa position et de son devoir.

En réponse aux déclamations sans bonne foi de prétendus modérés, qui ignorent apparemment que c'est bien le moins qu'un citoyen à qui on veut ravir sa liberté, la défende par la parole contre des ennemis auxquels toute la force publique obéit, nous rappellerons que dans tous les siècles le droit d'un accusé fut sans limites.

Hermolaüs, accusé d'attentat à la vie d'Alexandre (c'était un peu plus qu'un délit de presse), se défendit en face du conquérant lui-même. Sa justification consista à soutenir qu'Alexandre était un tyran, et qu'un tyran méritait la mort.

Le père de l'accusé, Sopolis était présent : il se précipita sur son fils pour lui fermer la bouche. Alexandre, en qui la puissance absolue et la prétention à une origine céleste n'avaient pas corrompu toute équité, ordonna à Sopolis de laisser parler l'accusé.

Et M. Dupin, dans son traité de la législation criminelle qui a pour épigraphe : *Libre défense des accusés*, cite cet exemple pour *rappeler à la pudeur* les présidens de cours d'assises de son tems. C'est là plus qu'un bon livre, c'est une bonne action. (Approbation générale.)

J'ai entendu de ces modérés qui aiment bien qu'on fasse de l'opposition, mais bien douce, bien aimable, comme il en faut servir aux débonnaires abonnés du *Constitutionnel* (On rit.); je les ai entendu dire que, dans son intérêt, Degeorge eût mieux fait d'adopter un système de défense moins énergique; car attaquer le roi lui-même ; c'est *inconvenant.*

On ne peut pas se fâcher avec ces gens-là; leur innocence vous désarme, et d'ailleurs ils répètent ce qu'enseigne leur excellent journal. (On rit.)

Mais pour des hommes sérieux, que signifient ces exclamations pastorales !

La royauté nous enseigne, tantôt par la bouche de ses procureurs-généraux, tantôt dans les discours qu'elle sème sur les grandes routes, partout enfin qu'elle gouverne elle-même, qu'elle gouvernera toujours dans le même sens, etc,, etc.; et on s'en prendrait de ce qu'elle fait de mal à ce bon M. Barthe, notre cher confrère. (On rit.)

D'après cette théorie, lorsqu'on apprit que Louis-Philippe en personne avait dérobé à M. Laffitte la fameuse dépêche, il aurait fallu que le *Propagateur* se contentât de pousser un hélas monarchique en ces termes : « Ah! si le roi le savait. » (Rire général.)

Cette comédie de mauvais goût a duré quinze ans : c'est bien assez. Et du reste, son dénoûment prouve que mieux eût valu pour la royauté elle-même un langage ferme et franc, qui peut-être l'eût éclairée au lieu de la pousser à l'abîme.

Aujourd'hui, d'ailleurs, la fiction ne réussirait pas. Le peuple, qui a chassé Charles X, n'a pas distingué entre lui et ses ministres. Pour lui, le roi qui signe l'illégalité, est le vrai coupable. C'est aussi la théorie de Louis-Philippe lui-même ; car si les ministres de Charles X avaient été seuls responsables des ordonnances, ce prince serait encore sur le trône, et le duc d'Orléans se fût montré trop honnête homme pour s'asseoir à la place de son royal parent, de son auguste bienfaiteur. (On rit.)

La responsabilité royale (au moins vis-à-vis de la presse), n'est donc plus une question.

Il serait par trop humiliant, en effet, que la presse, soldée par le trésor public entonnât tous les matins une hymne pour célébrer les vertus du prince, et qu'il n'y eut jamais, à côté de ces louanges dévouées, une voix plus austère et plus consciencieuses.

Ce qui est à craindre, c'est bien moins l'irrévérence que l'adulation.

Si de tems en tems un honnête écrivain comme Degeorge dit la vérité au roi, il en est assez qui abdiquent devant sa puissance leur dignité d'hommes.

Entendez ce magistrat, appartenant à la plus haute cour du royaume. Que va-t-il dire au roi des barricades? Il remercie S. M. de ce que le choléra ne ravage plus la capitale. (Rire général.) Et S. M. répond qu'elle reçoit toujours avec un nouveau plaisir.... (On rit.) ces assurances de dévoûment.

Passe encore pour ce préfet de Normandie, qui, avec le sang-froid et l'aplomb du terroir, reportait au roi la reconnaissance de ses administrés, parce que la récolte de pommes était bonne et la moisson fort abondante. (Explosion d'hilarité.)

Ceci, dira-on, ne prouve que la bassesse de quelques personnages. Messieurs, il n'y a rien de si contagieux que l'exemples des viles adulations.

Le fait est que depuis trois années la royauté en est venue à pouvoir fouler aux pieds toutes les lois, toutes les bienséances, pourvu que cela convienne à son caprice.

Le roi a touché pendant quinze mois la liste civile sur le pied de dix-huit millions : on espérait à la cour que ce serait là le chiffre adopté par les chambres. Elle l'ont fixée à douze *seulement*, comme disent les courtisans. Pourquoi le prince retient-il neuf millions que la loi lui refuse ; est-ce là l'exemple que doit le premier magistrat du pays? mais s'il ne le donne, comment aucun ministre n'exige-t-il pas que le roi rende au trésor public ce qu'il y a enlevé indûment.

La justice même s'incline devant le roi. L'un de ses fils est légataire universel du prince de Bourbon. Le tuteur ne dit pas que la fortune du fils de César ne doit point même être soupçonnée..... il accepte la successision. Au moins on exécutera la volonté du testateur?... Non, ce testateur, ancien et loyal Vendéen avait voulu que cent mille francs de rente fussent prélevés sur cette immense succession, pour servir à élever une maison d'éducation et de refuge aux fils de ses anciens compagnons d'armes. De l'instruction pour des Vendéens, s'écrient les casuistes du juste-milieu, quel scandale! Le conseil-d'état examine l'affaire, et ce corps qui se compose de membres nommés par le roi, et destituables selon sa volonté, décide qu'il serait souverainement immoral d'enlever 100,000 francs de rente au duc d'Aumale.

Il est immoral d'éclairer les enfans que leur ignorance rejetera peut être un jour dans les troubles de la guerre civile....... et, d'un autre côté, le gouvernement qui enlève aux jeunes Vendéens le bienfait de l'instruction, laisse aux vieux chouans qui ont passé leur vie à piller les diligences, les pensions refusées à ceux de nos concitoyens qui ont porté dans le monde entier la gloire du nom français. (Mouvement.)

Je n'en finirais pas, Messieurs, si j'accumulais ici les faits de même nature. Ces bassesses qu'on décore du beau nom de légalité vous prouvent que si quelques âmes indépendantes restent pures dans cette corruption universelle, il n'en manque pas qui soient prêtes à s'avilir, et qu'enfin *la race des valets ne périra pas.* (Approbation unanime.)

Quant à Degeorge, Messieurs, un pareil rôle ne saurait lui convenir. Le jour où il a accepté la mission d'éclairer ses concitoyens sur la marche du pouvoir, il avait promis de leur dire la vérité: il leur a tenu parole; persécuté, calomnié par les serviteurs de la dynastie, il est resté et il restera inébranlable. Les faveurs du gouvernement n'ont pas assez de séduction, ni sa colère assez de vengeances pour l'émouvoir. Ce n'est pas là le chemin de la fortune, c'est simplement celui de l'honneur: à ses yeux cette dot vaudra bien pour ses enfans l'or qu'il aurait pu ramasser comme d'autres s'il avait daigné s'abaisser pour en prendre sa part. (Mouvement général.)

Non, mon ami, tes enfans n'auront point à rougir quand on prononcera ton nom devant eux. On dira que leur père est venu s'asseoir sur les bancs de la cour d'Assises, mais comme y vinrent les Béranger, les Carrel, comme y vinrent tant d'autres qui savent que tout noble apostolat ne s'exerce dans ce monde qu'au prix de la haine des méchants, des corrompus et des sots. Ces souvenirs, ce sera ta gloire; on les rappellera comme tes plus beaux titres à l'estime publique; et moi aussi, je te l'annonce avec le sage de l'antiquité : *Accusatio erit vestimentum et diadema.* Ces accusations seront tes vêtemens de fête, ce sera ta couronne civique. (Des applaudissemens éclatent dans l'auditoire. M. Degeorge ne peut dissimuler l'emotion qu'il éprouve).

Messieurs, (reprend Me Ledru, quand le calme s'est rétabli), la prétention qu'affecte le parquet de soustraire la personne royale aux censures qui atteignent tous les pouvoirs, n'est pas seulement contraire à la loi, elle va au-delà des prétentions de l'ancienne monarchie elle-même, qui était absolue. La dynastie des barricades est plus exigeante que Louis XIV.

Nos ancêtres n'avaient ni charte, ni liberté individuelle, ni liberté de la presse; cependant, comme il faut toujours que la dignité humaine se réfugie quelque part, la religion se chargeait de rappeler aux rois leurs devoirs envers les peuples. En ce temps là, au défaut de journaux, c'est de la chaire que descendaient les paroles d'indépendance, et Louis XIV au faîte de la gloire, ne se croyait pas assez puissant pour empêcher le prédicateur chrétien de lui jeter en face les vérités les plus sévères. Ce prince n'avait pas précisément les mêmes goûts que notre pacifique monarque (on rit); mais il en avait d'autres qui ruinaient aussi ses sujets. Les courtisans donnaient de beaux noms à cette ambition qui coûta tant de sang et de larmes à la France : on appelait le prince le grand roi, on le mettait au niveau d'Alexandre et de César.

Ecoutez le langage que Massillon opposait à ce chorus d'indignes adulateurs :

«Qu'est-ce qu'un souverain, né avec une valeur bouillante, etc.?...
» Un astre malfaisant qui n'annonce que des calamités à la terre.
» Plus il croîtra dans cette science funeste, plus les misères publiques
» croîtront avec lui : ses entreprises les plus téméraires n'offriront
» qu'une faible digue à l'impétuosité de sa course; il croira effacer
» par l'éclat de ses victoires leur témérité ou leur injustice; l'espé-
» rance du succès sera le seul titre qui justifiera l'équité de ses ar-
» mes; tout ce qui lui paraîtra glorieux deviendra légitime; il regar-
» dera les momens d'un repos sage et majestueux comme une oisiveté
» honteuse et des momens qu'on dérobe à sa gloire; ses voisins de-
» viendront ses ennemis dès qu'ils pourront devenir sa conquête; ses
» peuples eux-mêmes fourniront de leurs larmes et de leur sang la
» triste matière de ses triomphes; il épuisera et renversera ses pro-
» pres états pour en conquérir de nouveaux; il armera contre lui les
» peuples et les nations; il troublera la paix de l'univers; il se rendra

» célèbre en faisant des millions de malheureux. Quel fléau pour le
» genre humain! Et s'il y a un peuple sur la terre capable de lui don-
» ner des éloges, il n'y a qu'à lui souhaiter un tel maître.»

Certes, ce discours était très-personnel; il s'adressait au roi lui-
même, entouré de sa cour: néanmoins Louis XIV ne s'en offensait
pas; loin de là, il disait à l'orateur:

« Mon père, j'ai entendu plusieurs grands orateurs, j'en ai été
» fort content. Pour vous, toutes les fois que je vous ai entendu, j'ai
» été très-mécontent de moi-même. »

Cela ne prouve rien, dira-t-on; car ce n'était pas Massillon: c'é-
tait la religion qui parlait par sa bouche.

Veut-on un écrit profane, très-profane assurément, quoiqu'il soit
du curé de Meudon, maître François Rabelais. Son immortel *Gargantua* n'est-ce pas la critique la plus vive de la cour de Louis XII
et de François Ier?

M. le procureur du roi d'Arras n'aime pas les attaques directes,
mais décentes, à la personne du roi, que se permet *Le Propagateur*.

Quels réquisitoires eût-il donc fulminés contre ce bon Ra-
blais?

Vous savez tous, Messieurs, que Louis XII, surnommé le père
du peuple, se plaisait singulièrement à boire à la santé de sa nom-
breuse famille (on rit). Son nom dans le roman est *Grand-Gousier*.

Or, écoutez comment parle ce royal personnage.

«Ventre sainct Quenest, parlons de boyre: je boy comme la mule
» du pape. Nous aultres innocens ne beuvons que trop, sans soif. Je
» boy pour la soif advenir. Je boy éternellement, ce m'est éternité de
» beuverye, et beuverye d'éternité..... Je n'entends point de théo-
» ricque: de la praticque, je m'en ayde quelque peu (on rit). Si je
» ne boy, je suis à sec, me voyla mort; mon âme s'enfuyra en quelque grenoillyere.

Louis XII avait épouse; il en avait même deux (rire général).
L'une était fille de François II, duc de Bretagne, paillard, s'il en
fût, et si bien renommé, qu'on disait de lui, dans son temps:

Tales paillardi deberent esse brulati..

En quels termes Rabelais parle-t-il de cette royale épouse? Certes,
l'allégorie est transparente.

«Grand-Gousier épousa *Gargamelle* (grande gamelle), fille du
» roi des *Parpaillos*, belle gouge et bonne troigne.» (On rit.)

Or, il est bon de savoir que cette dame de si bonne mine s'était
mariée avec Louis XII au préjudice de sa femme légitime , Jeanne
de France , fille de Louis XI. Se mêler de cette union irrégulière,
c'était chose bien irrespectueuse envers la royauté. Néanmoins Rabelais ne s'en gêne pas. Et comment fait-il la censure de cette union
du côté gauche ?

Il représente Gargamelle accouchant de Gargantua par l'oreille de
gauche . Voici le procès-verbal de la séance.

» A ceste fin furent relâchés les cotyledons de la M..... par
» lesquels la sursaulta l'enfant, et entra en la vene creuse, et, gravant,
» par le diaphragme jusques au-dessus des espaules où la dicte vene
» se part en deux , prit son chemin à gausche, et sortit par l'oreille
» senestre. »

Le voilà au monde poussant pour premier cri..... : A boire ! (On
rit.)
Ce nouveau-né , c'est Gargantua.

Ici la critique est bien plus amère. On dit que les rois bourgeois
portent beaucoup de rancune à qui se plaint de l'énormité de leur
liste civile; combien donc n'était-il pas plus hardi , au quinzième
siècle ; de protester, au nom de sa seule raison, contre le faste , le luxe
et les prodigalités de François Ier ?

Cependant , Rabelais le fait sous une forme qui a rendu à jamais
populaire l'histoire des extravagances de Gargantua.

Nous trouvons aujourd'hui que douze millions, c'est payer un peu
cher l'avantage de posséder un roi ; que dirions-nous si nous avions
à loger, vêtir et nourrir un prince aussi difficile à satisfaire que le
fils de Grand-Gousier. Jugez du reste par un échantillon.

« Pour sa chemise feurent levées neuf cens aulnes de toile de Châs-
» telleraud , et deux cens pour les coussons en sorte de carreaux , les
» quels on meit soubz les esselles.

» Pour ses souliers feurent levées quatre cens six aulnes de velours
» bleu-cramoysi , et furent déchicquetez mignonement. Pour la quar-
» rure d'iceulx feurent employées unze cens peaulx de vaches brunes,
» taillées à queues de merluz. » (Rire général.)

Encore si l'auteur s'en était tenu là ; mais dévoiler jusqu'aux amours du plus galant de nos rois, ne pas permettre que sa *couche soit murée*. N'est-ce pas l'excès de l'audace?

Cependant maître François n'épargne pas Diane de Poitiers, pour laquelle le roi de France avait appauvri ses domaines, et à laquelle il avait donné entre autres cadeaux tant de forêts royales!

> O la la pitié, pour une chatte-mite
> Laisserez-vous engouffrer tant d'arpens?

Enfin, Messieurs, l'écrivain ne parle pas seulement des amours du roi et de ses maîtresses, il met le lecteur au fait de mystères bien plus intimes. En effet, vous savez que François Ier n'est pas mort comme l'ont prétendu plusieurs historiens, d'un rhume de cerveau négligé (on rit). C'était là une erreur que Rabelais s'est chargé de combattre en termes très-clairs et très-nets. Il pousse le scrupule jusqu'à donner les dates précises.

> Mais l'an viendra, signé d'un arc turquoys (1)
> De cinq fuscaulx (2), es troys culz de marmite (3),
> On quel le dos d'un roy trop peu courtoys
> *Poyvré sera* soubs ung habit d'hermite.

(Rire général.)

Et, en effet, c'est dans le seizième siècle que François Ier *poivré fut* trois fois, 1° en 1502, 2° en 1515, 3° en 1538.

En voilà assez, Messieurs, pour vous prouver que jamais, en France, la royauté absolue n'a joui de cette inviolabilité qu'on revendique en 1833 pour la royauté de juillet, pour cette idole devant laquelle on voudrait sans doute nous voir prosternés, nous qui l'avons pétrie de nos propres mains dans la poussière des barricades. (Sensation.)

Libre aux gens du roi de comprendre ainsi les devoirs de l'honnête homme et du citoyen.

Pour nous, sans haine contre le roi, parce que nos âmes sont inaccessibles à ce sentiment envers qui que ce soit au monde, mais aussi sans faiblesse devant sa puissance, parce qu'à nos yeux la France vaut mieux qu'un homme et que toutes les dynasties possibles, nous avons mesuré notre langage à celui de nos adversaires politiques.

Ils représentaient la République que nous annonçons, comme un rêve d'énergumènes et d'hommes de sang. Nous leur avons répondu que ce langage leur allait mal à eux, qui ne vivent que de perfidies,

(1) M allongé figure un arc turc et le mot *mille* dans les chiffres romains.

(2) Cinq jambages composant le nombre cinq en chiffres romains.

(3) Trois zéros,

de violences et de basses cruautés. Ils voulaient que nous fussions jugés par les œuvres d'autrui ; nous, avec plus de justice, nous avons demandé qu'on les jugeât par leurs propres œuvres.

Nous savions bien, au reste, que ces braves gens n'évoquaient les souvenirs de 93 que pour exploiter, au profit de leur tyrannie et de leur cupidité, l'ignorance de la classe bourgeoise ; car ceux qui ne savent répondre aux théories de leurs adversaires qu'avec l'argument banal du cachot et de la cour d'assises, des sergens-de-ville et de l'état de siége, ne peuvent pas, au fond de leur âme, détester beaucoup la terreur dont ils ne sont que les plagiaires sans inspiration et de lâches copistes.

Nous leur avons annoncé que toutes ces colères et ces brutalités n'étaient que les avant-coureurs de leur agonie, les dernières convulsions de cette pauvre monarchie que vous-mêmes, Messieurs, avez solennellement enterrée avant-hier d'une opinion unanime. (On rit.

Toutefois, Messieurs, notre raison ne se dissimule pas que la dynastie ne rendra point son épée sans frapper de derniers et de rudes coups.

Des lois menaçantes nous ont été annoncées ; c'est au jury surtout qu'on en veut, c'est-à-dire à la seule institution qui conserve le reste des conquêtes de juillet.

Peut-être est-ce aujourd'hui la dernière fois que Degeorge paraît devant ses concitoyens et ses pairs ; peut-être bientôt, des commissions prévotales siégeront-elles dans cette enceinte et à ces places dont on veut chasser votre indépendance.

Ce qui n'est pas douteux, c'est qu'on prépare à l'institution du jury, déjà si défigurée entre les mains des préfets dociles, des atteintes meurtrières. Quand un procureur-général ne l'aurait pas annoncé, nous en aurions été convaincus, car le jury, c'est le peuple. Le peuple, avant tout, a le sentiment de ce qui est national, de ce qui est français...... Ses verdicts ne peuvent donc pas convenir à un pouvoir déloyal, réactionnaire, et décidé à se traîner, dans un intérêt dynastique, à la queue de la Sainte-Alliance. (Mouvement.)

Eh bien ! viennent les temps de crise ! nous les attendons : ils retrouveront Degeorge un des premiers sur la brèche.

Et nous, lors même qu'il n'y aura plus de défense possible en faveur de notre ami, promis d'avance aux cachots, nous serons encore à ses côtés pour faire entendre à ses juges des vérités vengeresses.

« Toi qui es ici pour nous condamner, dirions-nous à celui qui
» les présiderait, sait-tu pourquoi on t'a choisi ?.... c'est parce que
» tu es un lâche qui as vendu ta conscience et ta patrie à une cause

4

» que ton infamie ne sauvera pas. » (Sensation générale dans l'audience.)

Ce langage, nous le tiendrons pour ceux qui sont nos adversaires, si demain la fortune , qui , dans les temps de révolution , est changeante , les jetait à leur tour aux mains d'une justice sans pudeur.

Car ce sont là nos principes de haine et de vengeance. Ce sont là nos maximes de désordre, d'anarchie, de perturbation sociale, et chacun ici peut en prendre acte.

Personne ne peut savoir la destinée que le ciel lui réserve au milieu de la tourmente universelle qui agite le monde. Mais ce que nous et nos amis savons bien , c'est que si le rôle de victimes nous est réservé , nous ne remplirons jamais celui de geôliers , ni de bourreaux : et les hommes du parquet qui calomnient si indignement Degeorge n'ignorent pas , eux-mêmes, que c'est là sa pensée comme la nôtre, et que s'il fallait, plutôt que de la désavouer, monter sur l'échafaud , l'échafaud deviendrait pour nous une tribune d'où nous ferions encore entendre des paroles de protection pour tous , de liberté pour tous , de respect pour tous les droits et pour toutes les consciences.

Voilà notre drapeau.... qu'on nous en montre un plus noble , et aussitôt il sera le nôtre.

M. le président fait un résumé impartial, et soumet au jury les deux questions : *d'offense à la personne du roi, et d'excitation à la haine et au mépris du gouvernement*, sur lesquelles il aura à prononcer.

Après une délibération qui n'a pas duré huit minutes, le jury rentre à l'audience. Sa déclaration est négative sur les deux questions.

Les amis de M. Frédéric Degeorge l'entourent de toutes parts, et viennent le féliciter ainsi que ses éloquens défenseurs. Jamais le pouvoir n'a été plus complètement et plus honteusement défait ; le verdict a encore été unanime. C'est la huitième fois que le *Propagateur* est acquitté depuis deux ans.

FIN.

Imprimerie de BACQUENOIS, rue Christine, n° 2, à Paris.

174